Athen

Ellen Katja Jaeckel

MERIAN-TopTen

Höhepunkte, die Sie unbedingt sehen sollten

 Agorá
Die griechische Agorá breitet sich unterhalb der Akropolis aus, hier schlug das Herz der antiken Stadt (→ S. 45).

 Akropolis
Die Akropolis ist die Keimzelle der Stadt, der Parthenon einer der größten und schönsten Tempel der Antike (→ S. 47).

 Lykavittós
Vom Lykavittós-Hügel ist die Aussicht über das Häusermeer grandios (→ S. 56).

 Archäologisches Nationalmuseum
Einzigartig: der mykenische Goldschmuck, darunter die von Schliemann entdeckte sogenannte Maske des Agamemnon (→ S. 67).

 Museum kykladischer Kunst
Seit 5000 Jahren modern: Marmoridole von den schönsten Inseln der Ägäis (→ S. 72).

 Plaka
Ein Bummel durch die malerische Altstadt ist bei Tag und Nacht ein Erlebnis (→ S. 78).

 Zentralmarkt Kentriki Agorá
Rund um den Fischmarkt ist noch ein Hauch Orient spürbar. Am schönsten ist es in den Morgenstunden (→ S. 82).

 Philópappos-Hügel
Ein Spaziergang zum Philópappos bezaubert besonders in den frühen Abendstunden, wenn das letzte Sonnenlicht die Akropolis beleuchtet (→ S. 83).

 Kap Sounion
Und die Sonne versinkt zwischen den Säulen des Poseidon-Tempels im Ägäischen Meer … (→ S. 86).

 Kloster Kaisarianí
Paradiesische Ruhe und der Duft von Pinien: ein Kunst- und Naturerlebnis am Rande der Großstadt (→ S. 88).

MERIAN-Tipps ⤑
finden Sie auf Seite 128

Inhalt

Erläuterung der Symbole

 *Für Familien mit Kindern
besonders geeignet*

 *Diese Unterkünfte haben
behindertengerechte Zimmer*

 *In diesen Unterkünften
sind Hunde erlaubt.*

CREDIT *Alle Kreditkarten werden
akzeptiert.*

 *Keine Kreditkarten werden
akzeptiert.*

*Preise für Übernachtungen im
Doppelzimmer ohne Frühstück:*

●●●● *ab 200 Euro*   ●● *ab 100 Euro*
●●● *ab 150 Euro*   ● *bis 100 Euro*

*Preise für ein Menü mit Vorspeise
und Dessert, ohne Getränke:*

●●●● *ab 42 Euro*   ●● *ab 13 Euro*
●●● *ab 30 Euro*   ● *bis 13 Euro*

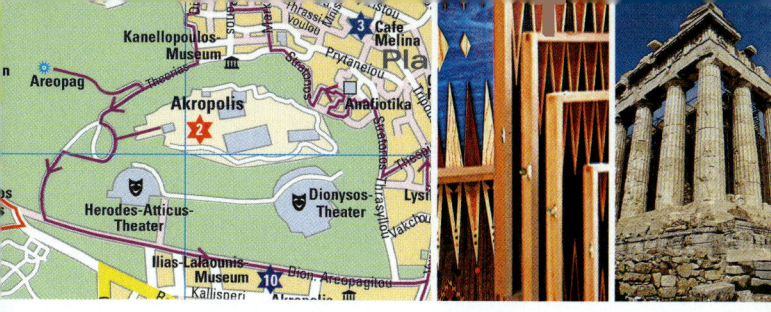

Karten und Pläne

*Die Buchstaben-Zahlen-Kombinationen
im Text verweisen auf die Planquadrate
der Karten, z. B.*

⟶ S. 119, F 15 Kartenatlas

Mit Stadtplan

⟶ S. 17

MERIAN *live!*-QUIZ

presented by **OLYMPUS**

Athen stellt sich vor

Treffpunkt für Romantiker: Der Felsen des Areopags (→ S. 52) gewährt einen groß-artigen Blick über das Athener Häusermeer – am schönsten bei Sonnenuntergang.

Athen, die alte junge Stadt zwischen Tradition und
Moderne, stolz auf die glorreiche Vergangenheit
und in ständigem Wandel, beschreitet selbstbewusst
und voller Dynamik ihren Weg ins 21. Jahrhundert.

Im Jahr 2004 blickte die Weltöffentlichkeit gebannt auf die griechische Hauptstadt, die sich zu den 28. Olympischen Sommerspielen herausgeputzt hatte: Die Spiele kehrten in ihr Ursprungsland zurück. Entgegen aller Unkenrufe wurden die Spiele ein überwältigender Erfolg. Athen erwies sich als faszinierende und facettenreiche, als alte, junge Stadt im ständigen Wandel, voller Dynamik, Toleranz und Weltoffenheit.

Unvergesslich, diese Aussicht! Wer von der Sankt-Georgs-Kapelle am Gipfel des Lykavittós-Bergs auf Athen hinunterschaut, ist zugleich überwältigt und verwirrt: Ein Häusermeer breitet sich aus zwischen den Bergrücken von Hymettos, Parnitha und Penteli, am südlichen Horizont nur begrenzt vom blauen Meeressaum des Saronischen Golfs. Auf den ersten Blick ist der Viereinhalb-Millionen-Großraum Athen-Piräus eine amorphe Stadtlandschaft, die einer Krake gleich aus dem Meer steigt und das Plateau und die Berge umklammert. Bekannte griechische Wörter wie Chaos, Nefos, die ewige Dunstwolke über der Riesenstadt, fallen einem ein, aber auch Polis, die Stadt, Helios, die Sonne, Thalassa, das Meer. Doch Athen liegt nicht wirklich am Meer! Zwar ist die Stadt längst zusammengewachsen mit Piräus und seinem Hafen, doch

Athen-Piräus: Viereinhalb-Millionen-Großraum

beide Städte sind nach wie vor administrativ getrennt. Die Verbindung wurde durch die ab dem 5. Jahrhundert v. Chr. gebauten drei langen Mauern gelegt. Die Athener haben immer gebührenden Abstand zur See gehalten und bauten deshalb auch in der Neuzeit nicht am Meer, sondern erweiterten ihre Stadt dort, wo sie ihren Ursprung nahm: am Fuße der Akropolis.

Athen ist die erste, die symbolische und die vergessene Hauptstadt Europas. Römer, Engländer, Franzosen, Deutsche haben griechische Kultur und Architektur wie die Propyläen und den Parthenon bewundert und sie in ihren Denkmälern kopiert. Der Streit zwischen der Vorherrschaft der griechischen oder römischen Kultur wurde über Jahrhunderte ausgefochten. Aber wer kannte, wer kennt Athen wirklich? Haben wir die klassizistischen, idealistischen Vorstellungen, die uns das 18. und 19. Jahrhundert übermittelt haben, tatsächlich überwunden? Man merkt schnell: Es gibt ein antikes und ein nicht-antikes Athen. Eine Stadt in Ruinen und eine

Junge Metropole und 2500 Jahre alte Stadt

lebendige moderne Metropole, zwei Städte, die scheinbar nichts verbindet. Oder doch? Auch wenn Steine nicht sprechen: Kennen wir denn die alten Griechen? Waren sie ebenso reizbar, hitzig, laut und eine Sekunde später herzlich und großmütig wie ihre heutigen Nachfahren? Sind die Kaffeehäuser, in denen tagaus, tagein die selbst ernannten Philosophen, Yuppies, Anarchisten, Konsumenten, Freundinnen eifrig diskutieren, die Nachfolger der alten Agorá? Hat man sich das einstige Treiben unterhalb der Akropolis so vorzustellen wie in den belebten Markthallen an der Athinas-Straße? Sind wir entzückt oder entsetzt, wenn die Athener heute ihre Kinder Aphrodite, Dimosthenes und Perikles nennen? Popkonzerte im antiken Herodes-Atticus-Theater, ein Kinoklassiker unter freiem Himmel mit Blick auf die beleuchtete Akropolis, der Sonnenuntergang vom Felsen des Areopags – die Antike ist noch immer allgegenwärtig. Die Stadt erlebte einen kulturellen und politischen Höhepunkt in der Antike; im Mittelalter lag Athen bereits abseits der Route nach

Byzanz, und während der Türkenherrschaft war die Stadt ein unbe-
deutendes Provinznest. Keine Renaissance, keine Aufklärung. Gewis-
sermaßen springt die Stadt vom
Mittelalter ins 19. Jahrhundert. Einflüsse von außen bleiben auf die jeweiligen Fremdherrscher beschränkt.
Jahrhundertelang war der Zugang ins
Land unmöglich oder zumindest er-
schwert. Die meisten suchten, so wie
Goethe und seine Iphigenie, das Land
der Griechen mit der Seele, und so ist
jeder mit gewissen Vorstellungen und
Erwartungen behaftet, der sich auf
das Abenteuer Athen einlässt.

Athinai, Athènes, Atene, Atenas,
Athens – nur im Deutschen steht
der Name der Stadt im Singular. Welche Stadt ist eigentlich gemeint?
Einst bestand Athen aus so genannten Demen, lokalen Selbstverwal-
tungseinheiten, die die Polis formten.
Doch jenseits dieser flachen historischen Erklärung drängt sich eine andere Erkenntnis auf: In keiner anderen Stadt der Welt ist die Kluft zwischen Vergangenheit und Gegenwart
so tief. Im Gegensatz zu Rom gibt es
keine Kontinuität, sondern immer nur
Neubeginn. Und so ist die 2500 Jahre
alte Stadt auch gleichzeitig eine der
jüngsten: Gerade 170 Jahre reichten
ihr, um in vier Neuanfängen zu einer
jungen Metropole heranzuwachsen.

Neubeginn Nr. 1: Bei der Gründung des modernen griechischen
Staates im Jahre 1843 war man sich
höchst uneinig, welcher Ort nun
Hauptstadt des modernen
Griechenlands sein sollte:
Für einige Monate über-
nahm Nauplia auf der Peloponnes
diese Rolle. Aufgrund seiner günstigen Lage und des Hafens stand die
Kykladeninsel Syros zur Debatte. Wegen seiner glorreichen Vergangenheit
fiel die Wahl schließlich auf Athen,
das damals allerdings kaum mehr
als ein staubiges armes Dorf war!
Die städtebaulichen Veränderungen

*In der Antike erlebte Athen eine kulturelle
und politische Blütezeit – und noch heute
ist sie allgegenwärtig in der Stadt.*

unter dem ersten König, dem jungen
Wittelsbacher Otto, der das antike
Hellas heraufbeschwört, sind denn
auch geradezu unvorstellbar. Im
5. Jahrhundert v. Chr. lebten hier
40 000 Menschen, und für ebenso
viele ließ der König im 19. Jahrhundert seine Hauptstadt anlegen. Für
größenwahnsinnig hielt man ihn,
die Hälfte würde mehr als genügen,
behauptete man. Zentrum des neuen
Athens wurde die Gegend um den
heutigen Syntagma-Platz, die Panepistimiou-Straße und den Vasilisis-
Sofias-Boulevard. Heute haben sich
dort Politik, Wirtschaft und Kultur

Neubeginn statt Kontinuität

fest niedergelassen. Die neoklassizistischen Stadtvillen in der Plaka, im
Exarchia-Viertel und im Zentrum, von
denen viele bis vor kurzem noch der
Abrissbirne anheimfielen und erst
jetzt wieder sorgfältig restauriert werden, stammen aus dieser Zeit, aber
auch die Universität, der Nationalgarten und die ersten Brauereien.

Neubeginn Nr. 2: Rund 100 Jahre nach dem Ausbruch der griechischen Freiheitsrevolution, 1922, erleiden die Griechen eine militärische Niederlage gegen die Türken. Kleinasien kommt endgültig zur Türkei. Für die Griechen bedeutet dies ein nationales Trauma, das bis heute nicht bewältigt ist, sie nennen es »die Katastrophe«. Die Regierungen beider Länder entschließen sich im Vertrag

Niederlage gegen die Türken

von Lausanne zu einem Bevölkerungsaustausch nach Religionszugehörigkeit: Es folgt ein Flüchtlingsstrom mit 1,8 Millionen orthodoxen Griechen aus dem Osmanischen Reich – das waren immerhin 25 % der griechischen Bevölkerung. Athen ist völlig überfordert, denn ein Großteil der Flüchtlinge strömt in diese Stadt, die aus allen Nähten platzt und ihre Einwohnerzahl auf einen Schlag verdoppelt. Die Namen neuer Stadtteile (z. B. Nea Smyrni = Neu Izmir, Nea Ionia = Neuionien) erinnern noch heute an ihre ersten Bewohner, und ehemalige Flüchtlingsbaracken stehen als Mahnmale unter Denkmalschutz. Hier hat das architektonische Chaos von Athen seinen Ursprung.

Neubeginn Nr. 3: Nach dem Zweiten Weltkrieg und dem Bürgerkrieg setzt eine bis heute andauernde Landflucht ein. Inzwischen lebt fast jeder zweite Grieche im Großraum Athen-Piräus, der dafür nicht angelegt war. »Woher kommst du?« – »Aus Athen.« – »Ja, aber woher kommst du eigentlich?« Dieser Dialog ist charakteristisch für die Stadt und dokumentiert einmal mehr, wie jung sie ist und dass auch die Griechen der zweiten Generation ihrer Heimat auf dem Land oder den Inseln verbunden bleiben. Dorthin kehren sie an hohen Feiertagen und im Hochsommer zurück. Viele Restaurants, Läden und Betriebe schließen Ende Juli/Anfang August für mehrere Wochen. Wenn die Athener nach dem 15. August aus dem Urlaub zurückkommen, wünschen sie sich einen »guten Winter«. In der Stadt haben sie sich, so gut es eben geht, dörflich eingerichtet: In den Tavernen rankt das Weinlaub, baumeln die Kürbisse, stimmen die Gäste spontan alte Lieder an. Unbeeindruckt von Fast-Food-Tempeln schieben die Händler ihre altmodischen Karren mit »Koulouria«, Sesamkringeln, durch die belebten Straßen. In den Büros bestellt man lieber den

Die »paréa«: eine kleine Runde, Freunde und Bekannte, eine Clique, die zusammenhält.

Kaffee von der nächsten Bar, als dass man eine Kaffeemaschine kauft. Kein Ort ohne Kommunikation. Ein Haus ohne Balkon ist unvorstellbar, und wo Parkanlagen fehlen, begrünt man liebevoll die eigene kleine Terrasse.

In jüngster Zeit hat Athen einen nachhaltigen Wandel erlebt, der die Stadt wie so häufig in ihrer Geschichte unvorbereitet traf. Die bis Anfang der 1990er Jahre noch weitgehend homogene Bevölkerung mutierte unfreiwillig, vor allem durch die Einwanderung aus den Armenhäusern Osteuropas, zu einer multikulturellen Gesellschaft. Die Mitgliedschaft in der EU seit 1981 hat Griechenland aus der wirtschaftlichen Misere erlöst. Wo noch in den 1960er Jahren ganze Dörfer und Stadtteile sich leerten und Familien nach Westeuropa und in die USA emigrierten, suchen heute Südostasiaten, Afrikaner und Albaner Brot und Arbeit. Das ist in Athen überall spürbar, jeder achte Bürger ist eingewandert, hierher geflüchtet oder – so im Falle der Griechen

Gesellschaft im Wandel

aus dem Pontos- und Schwarzmeergebiet – repatriiert, wie es in der Sprache der griechischen Bürokratie heißt. Die Integration gestaltet sich schwierig, über Nacht ist Griechenland vom Auswanderer- zum Einwandereroder zumindest Transitland geworden.

Der gesellschaftliche Wandel dringt längst auch in die Familien ein. Die junge Athenerin ist heute ebenso selbstbewusst und gut ausgebildet wie die Berlinerin und steht in Sachen Eleganz der Mailänderin in nichts nach. Sie arbeitet nicht nur, weil das hohe Preisniveau ein doppeltes Gehalt erzwingt, sondern auch, um Karriere zu machen – mit der Folge, dass sich die Großfamilie auflöst und (meist ausländische) Kindermädchen an die Stelle der Großmütter und Mütter treten.

Neubeginn Nr. 4: Athen rüstet sich für die Olympischen Spiele 2004. Seit König Ottos Zeiten gab es keine so starken städtebaulichen Veränderungen. Seit dem Zuschlag für die Ausrichtung der Olympischen Spiele erlebte Athen einen nie gekannten wohlgeplanten Bauboom, und viele Fassaden erhielten ein neues Gesicht. Ein neues stolzes Lebensgefühl beherrscht die früher gegenüber ihrer Stadt so gleichgültigen Athener, und selbst Skeptiker können sich der allgemeinen Euphorie nicht entziehen. Das »Konsortium für das neue Bild der Stadt Athen« gewährt Hausbesitzern an ausgewählten Straßen und Plätzen einen Kostenzuschuss für den Fassadenanstrich. Illegal angebrachte Werbeträger verschwinden nach und nach, es blüht und grünt am Straßenrand, an Marmor wird nicht gespart. Rund um den modernen Flughafen im Osten der Stadt wurden Landenteignungen im großen Stil vorgenommen. Die Athener werden auf eine harte Probe gestellt, denn auch nach den Olympischen Spielen ist die Stadt eine einzige Baustelle. Mit Einschränkungen im Verkehr ist noch eine ganze Weile zu rechnen: Straßen werden erneuert, Hotels renoviert, Museen neu konzipiert, Fabrikhallen in Kulturtempel verwandelt. Doch das Ergebnis kann sich sehen lassen: Fußgängerzonen entstanden dort, wo einst Hupkonzerte stattfanden, ein archäologischer Spaziergang verbindet – abgasfrei – die wichtigsten Ausgrabungsstätten, und die neu erweiterte Metro ist eine der modernsten und saubersten der Welt. Ein besonderes Highlight erwartet die Athener und die Besucher der Stadt ab 2008, dem Jahr der Eröffnung des neuen Akropolis-Museums: Zum ersten Mal in der Geschichte verließen die Kunstschätze den Heiligen Felsen, um in dem vom Schweizer Stararchitekten Bernard Tschumi unterhalb der Akropolis konzipierten Gebäude im neuen Glanze zu erstrahlen.

Gewusst wo ...

Auf der Terrasse des Lykavittós (→ S. 56): Einer der schönsten Plätze Athens, um den Abend bei gutem Essen und traumhaftem Blick zu verbringen.

Ob es um die Auswahl der geeigneten Unterkunft, das nette Lokal für den Imbiss am Mittag oder das gepflegte Restaurant für den Abend geht: Hier steht alles fürs »Gewusst wo ...« in Athen!

Übernachten

Übernachten in Athen: Am liebsten in zentraler Lage und mit Blick auf die Akropolis

Das King George II (→ S. 14) am Syntagma gehört zu den luxuriösesten Hotels der Stadt. Nach einem Sightseeing-Tag kann der Gast die Ruhe und Gediegenheit der Zimmer genießen und sich in Hallenbad, Sauna oder Dampfbad regenerieren.

Im Gegensatz zur griechischen Provinz, die auf den Sommer- oder Wintertourismus setzt, öffnet die Hotellerie der Hauptstadt ganzjährig ihre Pforten. Frühzeitig zu reservieren ist dennoch ratsam!

Für die Erkundung der Stadt sollte man ein Hotel in zentraler Lage wählen und nicht an der häufig lauten und mit öffentlichen Verkehrsmitteln nur schwer erreichbaren Küste. Auch mitten in Athen gibt es ruhige Oasen.

Viele Hotels haben in den Wintermonaten (November bis Ostern) deutlich günstigere Preise. Ohnehin lohnt es sich, nach Rabatten zu fragen. Eine griechische Eigentümlichkeit sind die vielen Drei- und Vierbettzimmer, die für Familien besonders preiswert und praktisch sind. Die griechische Fremdenverkehrszentrale EOT klassifiziert die Unterkünfte in **Kategorien von L (Luxus) bis E (entspricht einem Stern)** und überwacht die Preise. Verhandeln kann man bei freier Zimmerkapazität in vielen Unterkünften dennoch, insbesondere in der Nebensaison und bei einem Aufenthalt von mehreren Nächten. In den Kategorien L, A und B ist das Frühstück meist im Zimmerpreis inbegriffen; grundsätzlich sollte man danach fragen und gegebenenfalls auch darauf verzichten – im nächsten Kafeneion schmeckt das Croissant meist besser. Dasselbe gilt für die Halbpension.

Im Übernachtungspreis sind Mehrwertsteuer und Service enthalten – das Zimmermädchen oder der Barkeeper freuen sich dennoch über ein Trinkgeld.

Im heimischen Reisebüro oder via Internet gebuchte Pauschalangebote (Anreise und Hotel) sind meist günstiger und vor allem Zeit sparender als die Unterkunftssuche vor Ort. Schriftliche und telefonische Vorausreservierungen sind generell empfehlenswert. Die Athener Hotellerie deckt rund 40 % der Kongressaktivitäten Griechenlands ab, und viele Hotels sind oft ausgebucht. Größere Hotels verlangen die Angabe der Kreditkartennummer und buchen im Falle eines Nichterscheinens den Preis für die erste Nacht ab. Die meisten Hotels akzeptieren die gängigen Kreditkarten AMEX, DINERS, MASTERS, VISA. Ausnahmen sind jeweils direkt bei den Adressen angegeben.

HOTELS ●●●●
Divani Palace Akropolis

····⫘ S. 117, F 10

Das Hotel liegt nicht weit von der Akropolis und wurde über Teilen der alten Stadtmauer errichtet, deren Reste im Untergeschoss zu sehen sind. Elegant eingerichtetes Haus mit Schwimmbad im Innenhof. Herrlicher Blick vom Dachgarten.
Parthenonos 19–25; U-Bahn: Akropolis; Tel. 21 09 28 01 00, Fax 21 09 21 49 93; www.divani.gr; 250 Zimmer ●●●● CREDIT

Grande Bretagne ····⫘ S. 114, B 8

Luxus pur: Das Hotel Grande Bretagne ist die schönste Unterkunft der Stadt, zumal es frisch renoviert wurde. Die vornehmste und traditionsreichste Adresse Athens gegenüber dem Parlament. Nach grundlegender Renovierung glänzt die Nobelherberge aus dem Jahr 1872 mit einer völlig neuen Innenausstattung, Innenpool und Fitnessbereich im Souterrain sowie Außenpool auf der Dachterrasse mit Garten und einem hinreißenden Blick auf die Akropolis.
Vas. Georgiou 1; U-Bahn: Syntagma; Tel. 21 03 33.00 00, Fax 21 03 22 80 34; www.grandebretagne.gr; 321 Zimmer ●●●● CREDIT ♿

Hilton ····⫘ S. 115, E 8

Das traditionsreiche Haus galt bei seiner Fertigstellung 1963 als eines der ersten modernen Athener Hotels. 2002/03 wurde es einer 15-monatigen Grundrenovierung unterzogen. Die Westfassade des bogenförmigen Baus stammt vom griechischen Künstler Jannis Moralis. Beliebt sind das Restaurant »Byzantio« und die Galaxy-Bar im 13. Stock.

Vasilisis Sofias 46;
U-Bahn: Evangelismós;
Tel. 21 07 28 10 00, Fax 21 07 28 11 11;
517 Zimmer ●●●● CREDIT ♿

King George II   ⤑ S. 118, B 13

Nach 14 Jahren wurde zu den Olympischen Spielen dieses altehrwürdige Traditionshotel wiedereröffnet. Das Gebäude diente einst als Annex zum Königspalast am selben Platz und wurde 1938 in ein Hotel verwandelt, in dem der Namensgeber, Onassis, Maria Callas, Grace Kelly, Marilyn Monroe, Brigitte Bardot u. v. a. logierten. Heute bietet die zu den Leading Hotels of the World und zur griechischen Kette GRECOTEL gehörende Luxusherberge allen nur erdenklichen Komfort. Mit Hallenbad und Wellness-Bereich.

Vas. Georgiou 3; U-Bahn: Syntagma;
Tel. 21 03 22 22 10, Fax 21 03 25 05 04;
www.grecotel.gr; 102 Zimmer ●●●●
CREDIT ♿

Saint George Lykabettos
⤑ S. 114, C 8

Ein ruhiges Hotel der Luxuskategorie im eleganten Kolonáki-Viertel, das sich in Familienbesitz befindet. Hinter dem Hotel lädt die grüne Lunge Athens, der Lykavittós, zu Spaziergängen ein. Schwimmbad und Sonnendeck mit Weitsicht auf Stadt und Berge.

Kleomenous 2; U-Bahn: Evangelismós;
Tel. 21 07 29 07 11-9, Fax 21 07 29 04 39;
www.sglycabettus.gr; 154 Zimmer ●●●●
CREDIT ♿

HOTELS ●●●
Electra Palace   ⤑ S. 118, A 13

Angenehmes und komfortables Hotel in Athen mitten in der Plaka. Die Hauptsehenswürdigkeiten sind zu Fuß gut erreichbar. Reichhaltiges Frühstück. Man vermeide die Zimmer nach hinten. Dachgarten und Schwimmbad mit Blick auf die Akropolis.

Nikodimou 18; U-Bahn: Syntagma;
Tel. 21 03 37 00 00, Fax 21 03 24 18 75;
www.electrahotels.gr; 155 Zimmer ●●●
bis ●●●● CREDIT

Das Grande Bretagne (→ S. 13) am Syntagma-Platz wurde ursprünglich als Gästehaus des griechischen Königs errichtet und später in ein Luxushotel umgewandelt.

Adrian ⤑ S. 117, F 9

Das kleine Hotel im Herzen der Plaka bietet gut ausgestattete Zimmer. Unschlagbar ist in den Sommermonaten das Frühstück auf dem Dachgarten, der einen herrlichen Blick auf die Akropolis und die Altstadt gewährt. Vorzuziehen sind die Zimmer im 3. Stock, die mit einem großen Balkon nach hinten aufwarten.

Adrianou 74; U-Bahn: Monastiraki;
Tel. 21 03 32 15 53, Fax 21 03 25 04 61;
www.douros-hotels.com; 22 Zimmer ●●●
MASTER VISA

Athenian Callirhoe ⤑ S. 117, F 11

Das 2002 wieder eröffnete Hotel zeichnet sich durch modernes, geschmackvolles Design aus. Es besitzt einen Fitness-Bereich mit Sauna. Vom Dachgarten bietet sich ein herrlicher Blick über die Dächer von Athen. Das Hotel befindet sich unter deutschsprachiger Leitung.

Petméza 15/Kallirois; U-Bahn: Syngrou-Fix; Tel. 21 09 21 53 53, Fax 21 09 21 53 42;
www.tac.gr; 73 Zimmer, 11 Suiten ●●●
CREDIT

Athos Hotel ⤑ S. 118, A 13

Das unter neuer Leitung stehende Hotel bietet einen herzlichen Empfang. Von der Dachterrasse blicken die Gäste auf die Akropolis. Die Lage ist sehr zentral. Bei der Buchung berücksichtigen: die Zimmer 101, 102, 401–403, 501, 502 und 601 haben Balkon und schallgedämpfte Fenster.

Patroou 3; U-Bahn: Syntagma;
Tel. 21 03 22 19 77-9, Fax 21 03 21 05 48;
www.athoshotel.gr; 18 Zimmer ●●● CREDIT

Plaka ⤑ S. 117, F 9

Hervorragende Lage zwischen der Fußgängerzone Ermou und der Plaka im Herzen der Stadt. Vom Dachgarten hat man einen herrlichen Blick auf die Akropolis.

Kapnikareas 7/Mitropoleos;
U-Bahn: Syntagma; Tel. 21 03 22 20 96,
Fax 21 03 21 18 00; www.plakahotel.gr;
67 Zimmer ●●● AmEx MASTER VISA

Titania ⤑ S. 114, A 7

Zentral zwischen Omonia- und Syntagma-Platz gelegenes, sehr komfortables Business-Hotel mit geschmackvoll eingerichteten Zimmern. Der Dachgarten mit einem überwältigenden Blick über das Zentrum von Athen bis zur Akropolis lädt zu ambitionierter mediterraner Küche im mehrfach prämierten Olive-Garden-Restaurant ein.

Panepistimiou 52; U-Bahn: Panepistimiou oder Omonia; Tel. 21 03 32 60 00,
Fax 21 03 30 07 00; www.titania.gr;
385 Zimmer ●●● CREDIT ♿

HOTELS ●●
Carolina ⤑ S. 113, F 4

Das Hotel ist in einem neoklassizistischen Gebäude untergebracht, das an der belebten, nachts aber ruhigen Geschäftsstraße liegt. Sehr freundlicher Empfang. Gut ausgestattete, komfortable Zimmer mit Schallschutzfenstern und Klimaanlage.

Kolokotroni 55; U-Bahn: Monastiraki;
Tel. 21 03 24 35 51, Fax 21 03 24 35 50;
www.hotelcarolina.gr; 31 Zimmer ●●
MASTER VISA

Cecil ⤑ S. 113, F 4

In einem neoklassizistischen, unter Denkmalschutz stehenden Gebäude ist dieses zentral gelegene Hotel untergebracht. Große, komfortable Zimmer mit hohen Decken. Bei der Buchung möglichst Zimmer nach hinten verlangen.

Athinas 39; U-Bahn: Omónia;
Tel. 21 03 21 70 79, Fax 21 03 21 80 05;
www.cecil.gr; 39 Zimmer ●●
MASTER VISA AmEx

Electra ⤑ S. 118, A 13

Sehr zentral am Syntagma-Platz gelegenes, gut geführtes Hotel, das unter demselben Management wie das Electra Palace steht, aber einen Stern weniger hat.

Ermou 5; Tel. 21 03 37 80 00,
Fax 21 03 22 03 10; www.electra-hotels.com; 109 Zimmer ●● CREDIT

MERIAN-Tipp

1 Niki-Hotel

Ein freundliches, familiengeführtes Hotel in ruhiger und doch zentraler Lage. Die wichtigsten Sehenswürdigkeiten und nette Restaurants sind bequem zu Fuß erreichbar. Zu den Olympischen Spielen von Grund auf geschmackvoll renoviert. Der Clou ist die für Familien geeignete Suite auf zwei Etagen mit Blick auf den Lykavittós und die Akropolis.

Nikis 27; U-Bahn: Syntagma; Tel. 21 03 22 09 13-6, Fax 21 03 22 08 86; www.nikihotel.gr; 23 Zimmer ●● bis ●●● VISA MASTER ····> S. 118, A 13

HOTELS ●

Erechthion ····> S. 117, D 9
Das Familienhotel liegt in einem belebten und daher nicht unbedingt ruhigen Viertel, aber in unmittelbarer Nähe zum »archäologischen Spaziergang«. Blick auf die Akropolis und speziell auf das Erechtheion.
Flamarion 8; U-Bahn: Thissio; Tel. 21 03 45 96 06, Fax 21 03 46 27 56; www.hotelerechthion.gr; 22 Zimmer ● bis ●● VISA MASTER

Akropolis House ····> S. 118, A 13
Das familiengeführte Haus in einer ruhigen Straße unweit von Plaka und Syntagma hat zwar Patina angesetzt, aber seinen Charme bewahrt. Einfache Zimmer, auch Mehrbettzimmer.
Kodrou 6–8/Voulis; U-Bahn: Syntagma; Tel. 21 03 22 23 44, Fax 21 03 24 41 43; www.acropolishouse.gr; 20 Zimmer ● MASTER VISA

Kissos-Proteas ····> S. 115, D 6
Sauberes, sehr angenehmes, ruhiges Hotel am Rande des Exarchia-Viertels mit zahlreichen guten Restaurants in der Nähe. Die Zimmer sind in kräftigen Farben gestrichen und vollständig renoviert. Der Preis von 40 € für das DZ ist unschlagbar.

Lamprou Katsoni 9, Ecke Hippokrates/ Alexandras; Tel. 21 06 47 35-7, Fax 21 06 42 30 87; 20 Zimmer ● VISA

Marble House Pension ····> S. 117, E 11
In einem hübschen, frei stehenden Haus in Fußnähe zur Akropolis liegt diese freundliche Pension. Im Winter kann man sich auch länger einmieten, die Preise sind Verhandlungssache.
Zinni 35; U-Bahn: Sygrou-Fix; Tel. 21 09 22 82 94, Fax 21 09 22 64 61; www.marblehouse.gr; 16 Zimmer ● VISA MASTER

Nefeli ····> S. 118, A 13
Das einfache, saubere Hotel liegt in einer ruhigen Ecke der Plaka. Alle Zimmer mit Klimaanlage, Bad und Fernseher.
Iperidou 16; U-Bahn: Syntagma; Tel. 21 03 22 80 44/45, Fax 21 03 22 58 00; 18 Zimmer ● VISA MASTER

Orion & Dryades ····> S. 114, B 6
Zwei nebeneinander gelegene, ruhige Hotels am Strefi-Hügel über den Dächern von Athen. Am Abend viele Ausgehmöglichkeiten im studentischen Exarchia-Viertel. Das Orion hat 22, das Dryades 15 Zimmer, alle mit Klimaanlage und Fernseher.
Emanuel Benaki 105 & Dryadon 4; U-Bahn: Victoria; Tel. 21 03 82 73 62, Fax 21 03 80 51 93; www.orion-dryades.com ● VISA MASTER AmEx

Tempi ····> S. 113, F 4
Einfaches, günstiges Hotel in der Nähe von Plaka und der Fußgängerzone Ermou. Es gibt zwar kein Frühstück, dafür aber Kühlschrank und Wasserkocher. Besonders zu empfehlen sind die Zimmer 1, 2, 6, 7, 11, 12, 17 und 18 – von dort hat man einen schönen Blick auf die Akropolis, die Agia-Irini-Kirche und den kleinen Blumenmarkt.
Aiolou 29; U-Bahn: Monastiraki; Tel. 21 03 21 31 75/21 03 24 29 40, Fax 21 03 25 41 79; www.tempihotel.gr; 22 Zimmer ●

MERIAN *live!*-QUIZ

Um wen, was oder welchen Ort geht es hier?

 Griechenlands bayrischer König Otto I. wäre sicher nicht abgeneigt gewesen, um ihre Gunst zu werben. Selten ließ er etwas anbrennen. Nur hätte die Gesuchte, die mächtige Männer nicht verschmähte, dann hundert Jahre früher leben müssen.

Zur Welt kam sie in New York als Tochter griechischer Einwanderer. Der Vater, ein Apotheker, änderte den komplizierten Familiennamen in einen, der leichter über die Lippen ging – mit dem die Gesuchte berühmt wurde. Nach der Scheidung ihrer Eltern zog die Mutter mit ihr, sie war 13, und der Schwester nach Athen. Dort wurde ihre Begabung für jenes Genre entdeckt, in dem sie alle im 20. Jh. übertraf.

Mit Gewichtsproblemen kämpfend, hungerte sich die Gesuchte schlank. Dem Volumen ihres Könnens schadete es nicht: Um so ätherischer erschien sie, nicht nur das Publikum lag ihr zu Füßen. Zehn Jahre mit einem italienischen Industriellen verheiratet, dessen Staatsbürgerschaft sie annahm, machte er sie gegen ihren Willen mit einem Griechen bekannt – was zum Ende zweier Ehen führte.

Auch verschroben, verzehrte sie vor Auftritten rohe Leber in Olivenöl. Als die Karriere sich dem Ende neigte, versuchte sie es als (ungeduldige) Lehrerin. Für einen italienischen Regisseur stand sie noch eindrucksvoll als mythische Figur vor der Kamera. Ein Mythos war sie selber schon zu Lebzeiten, die nicht allzu lange währten: Mit erst 53 Jahren verstarb sie in Paris. Ihre Asche wurde vor der griechischen Küste verstreut.

Felix Woerther

Essen und Trinken

Das gemeinsame Essen und Trinken: Höhepunkt und Inbegriff des geselligen Beisammenseins.

Kleine Teller, große Gesellschaft: Das griechische Mahl dauert lange, besteht aus zahl-reichen Vor- und Hauptspeisen und wird am liebsten in großer Runde zelebriert.

Die griechische Geselligkeit, die »paréa«, wird schon beim Auftischen im Restaurant deutlich: Zu Beginn werden für jeden Gast kleine Teller verteilt, um die stattliche Anzahl an Vor- und Hauptspeisen gemeinsam am Tisch zu teilen. Der eigene Teller ist dabei nicht so wichtig, und jeder piekst mit seiner Gabel in die große Salatschüssel. Kein Gast bestellt ein Gericht für sich allein. Die griechische Mahlzeit ist niemals Selbstzweck, sondern wird immer in Gesellschaft zelebriert: Allein essen wird als ebenso schlimm empfunden wie allein trinken. Speise, Trank und Geselligkeit bilden eine unveränderliche Trias. Das bedeutet auch, dass Griechen ein Lokal weniger nach gastronomischen Kriterien als vielmehr aufgrund seiner Atmosphäre auswählen. Es gibt auch keine klassi-

Unverzichtbarer Bestandteil des griechischen Lebens

sche Menüabfolge, sondern (möglichst viele) einzelne Speisen werden in kurzer Folge serviert. Für den Fremden ist dies die beste Möglichkeit, die Vielfalt der griechischen Küche kennen zu lernen.

Griechen essen, auch im Winter, ihre Gerichte lieber lauwarm, weil die Gewürze so besser zur Geltung kommen. Wer es heiß mag, äußere diesen Wunsch gleich bei der Bestellung.

Tavernen, »mezedopoleía« (die griechische Variante der Tapas-Bar), »ouzerien« (Snack-Bars), »oinomajeiria« (Hausmannskost), »psistariés« (Grillrestaurants) und »psarotavérnes« (Fischtavernen) – die Bezeichnungen für Wirtshäuser, »estiatória«, sind ebenso vielfältig, wie die griechische Küche allgegenwärtig ist. Dem allgemeinen Globalisierungstrend in der Gastronomie zum Trotz essen die Griechen am liebsten das, was sie von daheim kennen. Im Vergleich zu anderen europäischen

Metropolen ist das Angebot an ausländischer Küche in Athen daher quantitativ und qualitativ eher mager.

Viele Restaurants öffnen nicht vor 20 Uhr, ab 21 Uhr wird serviert und geschlossen wird, wenn sich die letzten Gäste auf den Heimweg machen. Nur die Touristenlokale in der Plaka haben sich ausländischen Gewohnheiten angepasst.

Manch ein Kritiker wirft der griechischen Küche Mangel an Fantasie und Finesse vor. Tatsächlich handelt es sich um eine einfache, bäuerliche Zubereitungsart, rein in der Substanz und ehrlich im Geschmack. Ihr Zauber besteht in der Schlichtheit der Elemente: Die Tomate schmeckt hier unverfälscht nach Tomate, die Zwiebel nach Zwiebel – wozu sie also verwandeln? Die Qualität der einheimischen Produkte wird von den Athenern auf dem Markt und in den Restaurants täglich auf die Probe gestellt. Die griechische Küche ist deftig und würzig, aber nicht scharf. Die Tomate und das Olivenöl sind ihre wichtigsten Grundlagen. Frühere Herrscher, Venezianer und vor allem die Osmanen, haben ihre Spuren hinterlassen: »Pastítsio« ist ein Hackfleischnudelauflauf, »imám beildí« (»der weinende Imam«) ein sehr schmackhaftes vegetarisches Auberginengericht. Entgegen allen Vorurteilen gibt es neben den zahlreichen Fleisch- (probieren Sie »arní kokkinistó«, ein Lammragout) und Fischgerichten (z. B. gegrillte Sepia) auch viele Gemüsegerichte, z. B. »jemistá«, mit Hackfleisch und/oder Reis gefüllte Paprika, Tomaten und Zucchini. Beliebt sind Hülsenfrüchte aller Art (»jígantes« nennt man die in Tomatensauce gekochten Saubohnen). Ein paar Gurken, Tomaten, Oliven und ein wenig Schafskäse, Feta, ergeben die köstliche »choriátiki«, den typischen griechischen Bauernsalat. Übrigens: Fisch ist überall im Land ausgesprochen teuer und wird nach Gewicht berechnet. Die Abkürzung »κατ« steht für »katepsigméno« = tiefgekühlt, das Wörtchen »ντσπιος« bedeutet »lokal« und verweist auf heimische Produkte.

Den besten Nachtisch kauft man in den »zacharoplasteía«, den Konditoreien: »baklavá« und »kataífi«, die ihren Ursprung im Orient haben. Immer wird dazu ein Glas Wasser getrunken. Zu Recht berühmt ist auch der griechische Joghurt, den man mit Honig und ein paar Walnussstückchen genießen kann.

Meist wird zum Essen Wein getrunken (und tatsächlich nur dazu). In der Antike wurde der schwere, süße Wein mit Wasser gemischt. Es gibt ihn heute noch, doch wird Samos mittlerweile als Likör gereicht. In einfachen Tavernen wird der Wein in Glas- oder kupfernen und roten Blechkaraffen serviert und aus kleinen Wassergläsern getrunken. Der harzige Retsina ist vor allem bei Touristen beliebt, die Einheimischen bevorzugen trockene süffige Weine. In den letzten Jahren hat sich Griechenlands Weinproduktion internationalen Standards angepasst und u. a. einige hervorragende Cabernet Sauvignon- und Syrah-Tropfen auf den Markt gebracht. In gut sortierten Lebensmittelläden und im Weinhandel finden Sie herausragende Weine aus Megara (Weingut Evharis), Drama (Château Niko Lazaridi) und Thessaloniki (Weingut Gerovassiliou).

Sie mögen lieber Bier zum Essen? Griechenland und Bayern verbindet eine lange Tradition: Im Gefolge des Wittelbachers Otto, des ersten Königs, der 1834 in die neu gegründete Hauptstadt einzog, befand sich auch ein Münchner namens Fix, auf den die erste Brauerei Athens zurückgeht. Das griechische Bier ist leicht und erfrischend. Kosten Sie Mythos, Vergina und Amstel!

Für den kleinen Hunger zwischendurch bestelle man Oúzo me Mezé: ein kleines Fläschchen Anisschnaps, der mit Wasser verdünnt wird, dazu ein paar Oliven, Sardellen, Käse, Wurst und Tomatenscheiben, die Mezé. Oúzo ist ein Apéritif, der nicht mit dem Digestif Tsípouro verwechselt werden darf, der dem türkischen Rakí oder dem libanesischen Arak ähnelt. Der beste Oúzo kommt von der Insel Lésbos (Marke Plomári).

Es empfiehlt sich, im Hochsommer vorab anzurufen, da viele Restaurants für mehrere Wochen schließen.

Schmackhaft, erfrischend und dazu noch gesund: »choriátiki«, der Bauernsalat.

RESTAURANTS ••••

Aigli Bistrot Café   ····> S. 118, B 14

Umgeben von Pinien, mitten im Park und mit Blick auf das schöne Zappion-Gebäude kann man für einige Momente die Hektik der Großstadt vergessen. Eines der angenehmsten Cafés und Restaurants der Stadt. Mittelmeerküche mit französischem und italienischem Schwerpunkt.

Zappio-Park; U-Bahn: Syntagma; Tel. 21 03 36 93 63 •••• CREDIT

Balthazar   ····> S. 115, F 6

Bar-Restaurant in einem wunderschönen neoklassizistischen Gebäude. Die Inneneinrichtung wurde komplett modernisiert. Im Sommer sitzt man im Garten. Internationale Gourmet-Küche für die Athener Schickeria.

Tsocha 27; U-Bahn: Ambelokipoi; Tel. 21 06 44 12 15 •••• AmEx MASTER VISA

Jimmy & the Fish
   ····> Umschlagkarte vorne

Eines der Fischrestaurants, wofür sich die Fahrt nach Piräus absolut lohnt. Direkt am idyllischen Hafen von Mikrolimano. Berühmt ist die Pasta an Hummer. Für einen Verdauungsspaziergang bietet sich die Meerespromenade Piraikí an.

Koumoundourou 49, Mikrolimano; U-Bahn: Faliro, von dort Taxi; Tel. 21 04 12 44 17; tgl. ab mittags bis 1.30 Uhr •••• CREDIT

Plous Podilato
   ····> Umschlagkarte vorne

Nur wenige Schritte vom Jimmy & the Fish entfernt, ist dies ebenfalls eine sehr empfehlenswerte Adresse für Fisch, Muscheln und Schalentiere.

Koumoundourou 42, Mikrolimano; U- Bahn: Faliro, von dort Taxi; Tel. 21 04 13 79 10 •••• AmEx MASTER VISA

RESTAURANTS •••

Cilentio   ····> S. 114, B 8

Das Restaurant für den besonderen Anlass: Im Haus von N. Mantzaros, dem Komponisten der griechischen

MERIAN-Tipp

② O Tzitzikas kai o Mermingas (Die Grille und die Ameise)

Zur Begrüßung gibt es einen kräftigen Tsipouro (Grappa) mit Oliven. Das Besteck zieht der Gast selbst aus der Schublade am Tisch und erfreut sich an durchaus ausgefallener, sehr schmackhafter griechischer Küche, großen Portionen und fairen Preisen. Unbedingt probieren: Muscheln in Ouzosauce und Huhn in Mastix (»kotopoulo me masticha«). Das Restaurant in Halandri hat einen kleinen Garten für einen lauschigen Sommerabend, die Zweigstelle im Zentrum bietet den seltenen Vorteil, dass sie schon früh am Abend serviert.

– Agiou Giorgiou/Aischylou 26, Halandri; Taxifahrt ab U-Bahn Halandri; Tel. 21 06 81 05 29 (ab 20 Uhr, Reservierung empfohlen); So geschl. ••
MASTER VISA   ····> Umschlagkarte vorne

– Syntagma: Mitropoleos 12–14; U-Bahn: Syntagma; Tel. 21 03 24 76 07; So geschl. •• MASTER VISA ····> S. 118, A 13

Nationalhymne, die aus dem Jahre 1830 stammt, fand dieses gepflegte Restaurant einen passenden Rahmen. Mediterrane Küche, zuvorkommender Service.

Solonos/Mantzarou 3; U-Bahn: Panepistimio; Tel. 21 03 63 31 44; Mo–Sa 13–1 Uhr, So geschl. ••• CREDIT

Gefseis me Onomasia Proelefsis
   ····> Umschlagkarte hinten

In dieses alte Herrenhaus kehrt man vorzugsweise an warmen Sommerabenden ein, um im herrlichen Garten erlesene griechische Küche zu genießen. Sehr guter Service, außergewöhnliche Käse-Auswahl. Telefonische Reservierung empfohlen.

Kifissias 317; U-Bahn: Kifissia; Tel. 21 08 00 14 02; So geschl. ••• CREDIT

Mamacas ⤏ S. 112, C 4
Moderne griechische Taverne im neuen Ausgeh-Viertel Gazi. Am Wochenende unbedingt reservieren. Täglich geöffnet, auch zum Mittagessen.
Persefonis 41; U-Bahn: Kerameikos; Tel. 21 03 46 49 84 ●●● ▱

RESTAURANTS ●●

Alexandra ⤏ S. 115, D 6
Diese Taverne ist eine Athener Institution, die von einem gutbürgerlichen Stammpublikum wegen ihrer klassischen griechischen Küche geschätzt wird. Ausgesprochen gute Fischkarte und mundiger Hauswein. Gutes Preis-Leistungs-Verhältnis.
Plateia tis Argentinis Dimokratias 81, Alexandras-Boulevard; U-Bahn: Ambelokipi; Tel. 21 06 42 08 74 ●● MASTER VISA

Avissinia ⤏ S. 113, E 4
Seit 25 Jahren tischt Nikolaos' Familie ausgefallene Gerichte Nordgriechenlands auf – die besten veröffentlicht Mama in einem Kochbuch. Ein echter Geheimtipp sind die Fensterplätze in der ersten Etage aus ungewohntem Blickwinkel auf die nächtlich erleuchtete Akropolis. Wer wissen will, wie die Athener feiern, sollte am Sonntag nachmittags vorbeischauen, wenn das ganze Lokal singt! Von Mi bis Fr ab ca. 21.30 Uhr Livemusik.
Kynetou 7; U-Bahn: Monastiraki; Tel. 21 03 21 70 47; Mo geschl., So nur mittags geöffnet ●● VISA

Eden ⤏ S. 117, F 9
Griechenlands erstes vegetarisches Restaurant bietet mittags und abends griechische und internationale vegetarische Küche. Nette Atmosphäre.
Lisiou 12/Mnisikleous; U-Bahn: Monastiraki; Tel 21 03 24 88 58; Di geschl. ●● AmEx VISA

Giantes ⤏ S. 114, B 6-7
Moderne ausgezeichnete griechische Küche, die nur Bio-Produkte verwendet. Sehr freundlicher Service, hübsche Terrasse.
Valtetsiou 44; Tel. 21 03 30 13 69; U-Bahn: Omonia oder Panepistimio; tgl. ab mittags bis 1.30 Uhr ●● AmEx DINERS VISA

Nefeli ⤏ S. 117, F 9
Unterhalb der Akropolis gelegene, rustikale Taverne mit Livemusik zu angenehm niedrigen Preisen. Unter den Palmen schrieb einst König Otto Liebesschwüre an seine Frau Amalia.
Panos 24; U-Bahn: Monastiraki; Tel. 21 03 21 24 75 ●● AmEx MASTER VISA

Typisch griechisches Lokal mit viel Atmosphäre und Lokalkolorit: Restaurant Bairaktaris.

Strofi   ⤙⤚⟩ S. 117, F 10
Der Blick vom Dachgarten auf den nachts beleuchteten Parthenon ist genauso schön wie der vom benachbarten Dionysos, doch sind die Kellner weniger blasiert und das Essen bezahlbar. Gute traditionelle griechische Küche mit allen Klassikern.
Rovertou Gali 25; U-Bahn: Akropolis; Tel. 21 09 21 41 30; nur abends, So geschl.
●● DINERS MASTER VISA ●

RESTAURANTS ●
Benaki-Museum   ⤙⤚⟩ S.114, C 8
Gute Alternative für einen Mittagssnack. Ein Zulieferer hält leckere Sandwiches, ausgezeichnete Salate, Quiches und andere Gerichte bereit. Von der Terrasse fällt der Blick auf den Nationalgarten. Das Restaurant hat zu den Öffnungszeiten des Museums (→ S. 69) geöffnet und ist ohne Eintrittsbillett zugänglich.
Koumbari 1; U-Bahn: Syntagma, Tel. 21 03 67 10 30 ● bis ●● AmEx MASTER VISA

Bairaktaris/Taverna Sigalas
⤙⤚⟩ S. 113, F 4
In der sechsten Generation führt die Familie Bairaktaris das beliebte Restaurant und garantiert für einen volkstümlichen griechischen Abend mit Hausmannskost und Livemusik. Familienfreundliche Preise, große Portionen und sehr zentral gelegen.
Monastiraki-Platz 2; U-Bahn: Monastiraki; Tel. 21 03 21 30 36 ● CREDIT

Barba Jannis   ⤙⤚⟩ S. 114, B 6
Das **Oinomajeirion**, ein Lokal, das Hausmannskost und guten Wein bietet, ist immer proppenvoll, trotzdem findet der freundliche Wirt Platz für neue Gäste. Ein Blick in die Kochtöpfe verspricht täglich neue Auswahl.
Emmanuel Benaki 94 (Exarchia); Tel. 21 03 82 41 38; So abend geschl. ● ▱

Butcher Shop   ⤙⤚⟩ S. 112, C 4
Die Taverne öffnete 2007 und wurde sofort eine der Lieblingsadressen der fleischliebenden Athener. Tatsächlich

MERIAN-Tipp

③ Café Melina

Sie war die Knef Griechenlands, eine große Interpretin mit tiefer, rauchiger Stimme, unvergessen als Schauspielerin im Filmklassiker »Sonntags nie« (1960): Melina Mercouri. Zuletzt engagierte sie sich als Kulturministerin für die Rückholung der Elgin-Marbles aus London – vergeblich. Auf ihre Initiative geht die Auszeichnung »europäische Kulturhauptstadt« zurück, die seit 1985 jährlich ein oder zwei Städte in den Mittelpunkt stellt (Athen war die erste »Kulturhauptstadt«). In diesem gemütlichen Café wird das Andenken Melina Mercouris bewahrt. Von den Wänden blickt die Diva auf historischen Fotos und Filmplakaten auf die Cafébesucher.
Lisiou 22; U-Bahn: Akropolis
⤙⤚⟩ S. 117, F 9

ist die Qualität des Fleischs erstklassig, man probiere die gegrillten Spezialitäten wie Wachteln und Kaninchen oder die kretische Variante des Kassler, »apaki Rethimnou«. Ein Masticha-Likör rundet das kulinarische Vergnügen ab. Unbedingt reservieren.
Persefonis 19, Gazi; U-Bahn: Kerameikos; Tel. 21 03 41 34 40; tgl. 12.30–1 Uhr, am Wochenende bis 2 Uhr ● MASTER VISA

Kioupi   ⤙⤚⟩ S. 114, C 8
Mitten im Business-Viertel von Athen ist diese Kellertaverne eine Oase der Gemütlichkeit, die gestresste Rechtsanwälte und Ministerialbeamte täglich um die Mittagszeit zu schätzen wissen. Solide Hausmannskost, die man beim Betreten aus den großen Aluminiumtöpfen wählt. Der vom Hunger übermannte Tourist erhält hier auch noch am späten Nachmittag eine sättigende Mahlzeit!
Kolonaki-Platz 4; U-Bahn: Syntagma; Tel. 21 03 61 40 33; Mo–Fr mittags und abends, Sa abend und So geschl. ● ▱

Philippou   ┈┈⟩ S. 115, D 8

Dieses seit 1923 bestehende Restaurant ist eine Institution: Wer würde angesichts des vornehmen Viertels vermuten, dass man sein Menü noch nach einem Blick in die großen Alu-Kochtöpfe wählt? Mittags und abends geöffnet, beste griechische Küche zu sehr zivilen Preisen.
Xenokratous 19; U-Bahn: Evangelismós; Tel. 21 07 21 63 90; Sa abend und So geschl. ● ▱

Platanos   ┈┈⟩ S. 117, F 9

Seit 1932 bestehende Taverne mit bodenständigem Essen zu fairen Preisen. Ausgezeichneter Retsina vom Fass, der auch zum Verkauf angeboten wird. Hier schwelgten einst Henry Miller und Giorgos Seferis unter der großen Platane.
Diogenous Str. 4; U-Bahn: Monastiraki; Tel. 21 03 22 06 66; So abend geschl. ● ▱

Platia Iroon   ┈┈⟩ S. 113, E 4

Ein Mezedopoleio mit vielen Tapas am gleichnamigen Platz im Herzen von Psirri. Intime Atmosphäre und angenehme Livemusik (abends, Sa und So auch mittags).
Karaiskaki 34; U-Bahn: Monastiraki; Tel. 21 03 21 19 15; Mo geschl. ● MASTER VISA

To Tram   ┈┈⟩ S. 115, D 6

Im Künstler- und Intellektuellenviertel bietet dieses bei den Athenern überaus beliebte Mezedopoleio authentische Atmosphäre. Am Freitag und Samstag abends sowie Sonntag mittags gibt es griechische Livemusik (Rembetiki und griechische Volksmusik). Das Lokal hat auch einen kleinen Dachgarten.
Mavromichali 168 (Nähe Alexandras-Boulevard); U-Bahn: Ambelokipi; Tel. 21 06 45 90 94; ab 21 Uhr, So abend geschl. ● VISA

KAFFEEHÄUSER

Es gibt sie noch, die **Kafeneia,** und sie sind immer noch eine Männerdomäne. In der Stadt wird man jedoch vergebens nach jenem malerischen Ort suchen, den man von den Inseln kennt. Die traditionellen städtischen Kafeneia sind meist verrauchte Spelunken. Umso einladender sind dagegen die modernen Cafés-Bars und Kaffeehäuser.

Die Griechen sind Kaffeetrinker: »pame na pioume kafé«: Trinken wir einen Kaffee, das ist der Beginn so mancher Freundschaft. Man trinkt am liebsten den fein gemahlenen Kaffee aus winzigen Tässchen. Seit einigen Jahren findet man zwar auch in Athen

Stufe auf Stufe reihen sich die Tische des Cafés Dioskuroi an der Agorá.

guten Tee, doch konnte sich das englische Nationalgetränk hier nie durchsetzen, und nur sehr selten wird wirklich guter Tee gereicht. Zum Kaffee wird übrigens immer ein Glas Wasser serviert.

Aiolis ⋯⋯> S. 113, F 3
In einem charmanten neoklassizistischen Gebäude gegenüber der Kirche Agia Irini ist dieses nette Café untergebracht. Im Sommer sitzen die Gäste draußen und erholen sich vom Shopping in der nahe gelegenen Fußgängerzone.
Aiolou 23; U-Bahn: Monastiraki;
Tel. 21 03 31 28 39

Amaltheia ⋯⋯> S. 117, F 9
Falls es in Athen doch einmal regnet, ist dieses gemütliche Kaffeehaus der ideale Ort zum Verweilen. Im Winter wärmt man sich am Kaminofen. Die Karte verzeichnet eine große Auswahl an köstlichen herzhaften und süßen Crêpes.
Tripodon 16; U-Bahn: Akropolis

Chani tou Othona ⋯⋯> S. 113, E 4
1826 als Pferdestall eingerichtet und später insbesondere von König Otto genutzt. Das winzige Kafeneion in der Nähe des Athener Flohmarkts ist bei Jung und Alt beliebt und immer gut besucht.
Ag. Filippou 14; U-Bahn: Monastiraki

Dioskuroi ⋯⋯> S. 117, E 9
Am Zaun der Agorá reihen sich die Tische, an denen man sich in der Nachmittagssonne nach der Besichtigung der Akropolis stärken kann.
Dioskouron 13; U-Bahn: Monastiraki

Filion ⋯⋯> S. 114, B 8
Das Intellektuellen-Café im Herzen von Kolonáki bietet eine große Auswahl an köstlichen Pralinen und Torten. Dank der Heizlaternen können die Gäste auch an milden Wintertagen draußen sitzen.
Skoufa 34; U-Bahn: Panepistimio

MERIAN-Tipp

⭐ 4 Kleines Kaffeelexikon

»Ellinikós«: Der starke türkische Kaffee mit dem verbleibenden Satz in der Tasse heißt hier natürlich »griechisch«, man bestellt ihn »skéto« (ohne Zucker), »métrio« (mittelsüß) oder »glykó« (süß). Wahrsagerinnen lesen seit Jahrhunderten das Schicksal aus dem Kaffeesatz.

»Gallikós«: Unter »französischem Kaffee« versteht der Grieche Filterkaffee.

»Nes«: Sehr beliebt bei Griechen ist Nescafé. Der Instantkaffee wird auch verwendet zur Bereitung von:

»Frappé«: Kalter Kaffee, sehr erfrischend an heißen Tagen. Wie beim Ellinikó gibt man die gewünschte Zucker- und Milchmenge an (»lígo/poly záchari, gála« = wenig/viel Zucker, Milch).

»Freddo«: Kalter Filterkaffee mit und ohne aufgeschäumte Milch.

Beliebt sind auch Cappuccino, Espresso und Latte Macchiato.

O Glykis ⋯⋯> S. 118, A 13
Uriges Café an einem idyllischen Platz in der Plaka.
Géronta 2; U-Bahn: Syntagma;
Tel. 21 03 22 39 25

Klepsidra ⋯⋯> S. 117, F 9
In dieser ruhigen Ecke des Anafiotika-Viertels gibt es hausgemachte Süßigkeiten zum Kaffee, z.B. »karydopitta« (Walnussstrudel) mit Eis.
Klepsydra/Thrassivoulou 9; U-Bahn:
Monastiraki oder Akropolis

Trístrato ⋯⋯> S. 118, A 13
Sommers wie winters ein sympathisches Café im Herzen der Plaka.
Géronta/Daidálou/Olympíou Diós;
U-Bahn: Syntagma

Einkaufen

In Athen kann man gut shoppen. Es gibt weit mehr als Ikonen, Schmuck und Nippes ...

Zwischen eleganten Mode-Boutiquen findet man im Kolonáki-Viertel auch Delikatessen-händler wie Herrn Misegiánnis (→ S. 28), der den charmanten Kaffeeladen mit eigener Rösterei bereits in der dritten Generation führt.

Seit die obere Hälfte der **Ermou-Straße** zur Fußgängerzone erklärt wurde, entdecken die agilen Athener den Schaufensterbummel. Zwischen Syntagma-Platz und Kapnikarea-Kirche trifft sich Athens Jugend zum Shopping: Neben der neuesten Schuhmode griechischer Produktion, die der Qualität (aber auch dem Preis) italienischer Schuhe in nichts nach-

Ob alt oder jung, elegant oder flippig – hier wird jeder fündig!

steht, findet man hier Mode der großen europäischen Ladenketten wie Zara, Benetton oder Artisti Italiani. Afrikanische und chinesische Händler verkaufen noch bis zum Einbruch der Nacht günstig Kleider und Handtaschen. Eleganter geht es im **Kolonáki-Viertel** zu: Die Athener Dame von Welt kauft in den kleinen Boutiquen der Kanarí-, der Tsalakof- und der Voukourestiou-Straße internationale und griechische Designermode, edlen Schmuck und ausgefallene Accessoires. Kreatives, Flippiges und Hippiges findet sich in den Galerien und ausgefallenen Lifestyle-Läden des **Psirri-Viertels**.

Manch einer mag vom sogenannten Flohmarkt Athens um den **Monastiraki-Platz** enttäuscht sein, haben sich hier doch immer mehr feste Läden installiert. Ein Spaziergang durch das Viertel lohnt dennoch, besonders am Sonntagmorgen, wenn die fliegenden Händler ihre Stände aufbauen: Zwischen Armee-Ausrüstungen, Edelkitsch und vielen geschmacklosen Souvenirs findet sich, häufig versteckt in den Nebenstraßen, so manches ausgefallene Stück: Karaghiozis-Figuren aus dem griechischen Schattentheater, Porzellan und Fotografien aus Zeiten, als Athen noch ein Dorf war. Auch in den Devotionaliengeschäften um die Mitropolis-Kathedrale kann man ein gutes Stück ergattern. Allerdings ist zu beachten, dass die Ausfuhr von Antiquitäten streng untersagt ist! Qualitätvolle Reproduktionen findet man im Benaki-, Kykladen- und Archäologischen Museum sowie bei den bekannten Juwelieren. Werke zeitgenössischer Ikonenmaler sowie hochwertige Museumsrepliken erhält man in den Läden der Apollonos- und Mitropoleos-Straße. In den Souvenirläden der Adrianou- und Pandrosou-Straße werden einfachere Stücke aus Massenproduktion verkauft.

Überall in der Plaka werden zu günstigen Preisen Taschen, Sandalen, Gürtel und Briefbörsen angeboten. Neben den seit den Anfängen des Griechenland-Tourismus sich behauptenden Souvenirs wie Wolltaschen (die Athener Eule hat mittlerweile Kult-Status), Flokatis (in allen Farben), T-Shirts mit den Anfangszeilen der Odyssee und den unvermeidlichen Antiken-Gipsköpfen haben sich einige schöne Schmuckgeschäfte im klassischen und zeitgenössischen Design etabliert. Beliebt sind auch **Komboloi**, die Perlenketten, die griechische Männer spielerisch zwischen den Fingern hindurch gleiten lassen, wenn diese gerade keine Zigarette oder ein Mobiltelefon halten.

Ein Hauch von Orient weht immer noch über der **Athinas-Straße**, dem traditionellen Handwerkerviertel. Ein Spaziergang durch die Markthallen und die angrenzenden kleinen Läden, in denen Gewürze, Spirituosen und Oliven verkauft werden, ist deshalb fast ein Muss!

Die Mehrwertsteuer ist im Verkaufspreis inbegriffen, es gelten, je nach Warengruppe, verschiedene Mehrwertsteuersätze von 7–19 %. Feilschen ist übrigens nicht üblich.

Es gibt keine einheitlichen Ladenschlusszeiten, im Allgemeinen gilt: Die Souvenirgeschäfte haben, vor allem im Sommer, durchgehend bis 22 Uhr geöffnet, die übrigen Läden bis 15 Uhr, Di, Do und Fr außerdem von 17 bis 20 Uhr.

BÜCHER UND MUSIK

Alte Stiche ·····⟩ S. 114, A 7
Der weitgereiste Ludwig Grafe ist Sammler, Büchernarr und profunder Kenner. Sein kleines Geschäft mit Rara – alten Büchern, alten Stichen, alten Karten – entpuppt sich als echte Fundgrube. Stadtansichten aus Griechenland sind Schwerpunkt des Deutschen und ein wunderschönes Mitbringsel, das man vor Ort auch gleich rahmen lassen kann.
Zoodochos Pigis 1; U-Bahn: Panepistimou; Tel. 21 03 84 30 55

Deutsche Buchhandlung 👫👫
·····⟩ S. 114, A 8
Die gut sortierte Buchhandlung blickt auf eine fast 40-jährige Geschichte zurück. In der oberen Etage gibt es schöne Spielsachen für Kinder.
Lemou-Passage an der Stadiou-Straße/ Ecke Omirou; U-Bahn: Panepistimiou

Eleftheroudakis 👫👫 ·····⟩ S. 114, B 8
Athens größte Buchhandlung. Im 7. Stock gibt es eine gut sortierte Auswahl von Reiseliteratur (auf Englisch,

Französisch und Griechisch), einen Stock tiefer kann man die frisch erworbene Literatur im Café lesen oder im Internet surfen.
Panepistimiou 17; U-Bahn: Panepistimio

Notos 👫👫 ·····⟩ S. 114, B 8
Die gut sortierte deutsche Buchhandlung lebt im Wesentlichen von den Schülern des gegenüber gelegenen Goethe-Instituts und hat einen Schwerpunkt in Sprach- und Schulbüchern. Daneben findet man deutschsprachige Literatur aus und über Griechenland.
Omirou 15; U-Bahn: Panepistimio

FÜR FEINSCHMECKER

Coffeeway ·····⟩ S. 114, A 8
Die erfolgreiche griechische Kette mit Filialen in Griechenland und Zypern hat sich ganz der duftenden Welt des Kaffees verschrieben. Neben Klassikern aus Äthiopien, Brasilien und Guatemala gibt es aromatisierte Mischungen (besonders gut: Macadamia-Nuss und Schokolade-Zimt-Haselnuss) und verschiedene Sorten griechischen Kaffees.
Stadiou 3; U-Bahn: Syntagma

Kafedes Misegiánnis ·····⟩ S. 114, C 8
Großvater Giorgos aus Kleinasien fing vor 90 Jahren an, die Athener in die große weite Welt des Kaffees einzuführen, denn seit der Osmanenherrschaft trank man nur Mokka. Misegiánnis aber war einer der Pioniere des Filterkaffees: Sein »amerikanischer« und »französischer« Kaffee wurde bald in den Luxushotels der Stadt ausgeschenkt. Während der deutschen Besatzung behalf man sich mit Kaffeeersatz aus Hülsenfrüchten. Der Enkel führt heute mit Elan das charmante Geschäft mit eigener Rösterei im Keller. Feinste Qualität und der beste griechische Kaffee der Stadt zum Aufkochen im kupfernen **Briki**. So schmeckt der Kaffee auch noch zu Hause!
Leventi 7; U-Bahn: Syntagma

MERIAN-Tipp

5 ⭐ **Virgin Megastore**

Die beste Auswahl an griechischer und internationaler Musik von ganz Athen. Griechenland hat eine innovative, breit gefächerte Musikszene. Leider haben nur wenige Künstler der jungen Generation den Sprung auf die internationale Bühne geschafft. Dazu gehört Eleftheria Arvanitaki, die Jazzelemente und Balladen mit traditioneller griechischer Musik mischt (CD: The Very Best of 1989–1998). Wer sicher sein will, keinen Touristennepp à la »let's dance sirtaki« angedreht zu bekommen, frage nach den neuesten Alben von Alkistis Protopsaltis und Eleftheria Arvanitaki.

Stadiou 7–9; U-Bahn: Syntagma
·····⟩ S. 114, A 8

Kurzweiliger Zeitvertreib und schönes Mitbringsel: Das Backgammon-Spiel heißt in Griechenland Távli und wird (nicht nur) in vielen Kaffeehäusern gespielt.

To Pantopoleion tis Mesogeiakis Diatrofis ····⟩ S. 114, A 8
Olivenöle, griechischer Balsamico-Essig, Eingelegtes, Hülsenfrüchte, Honig: Gesundes und Feines aus der Mittelmeerküche, hübsch präsentiert und verpackt.
Sofokleous 1/Ecke Aristeidou, 11;
U-Bahn: Panepistimiou

KRÄUTER
Rund um den **Zentralmarkt** finden sich zahlreiche kleine Geschäfte, die häufig nicht viel mehr als Bretterverschläge sind, welche die Bergwelt Griechenlands in kleinen Plastiksäckchen feilbieten: Oregano, Thymian, Rosmarin, Estragon, Salbei, Minze. Sorgen Sie für den nächsten kalten Winter mit »Tsai tou Vounou« (Bergtee) vor. Eine hervorragende Auswahl und gute Beratung bietet
Elixirion (Elixir) ····⟩ S. 113, F 4
Evripidou 41; U-Bahn: Omónia

Mastihashop ····⟩ S. 114, B 8
Schon die Haremsdamen wussten die Vorzüge des aus dem Mastix-Baum gewonnenen Kaugummis von der Insel Chios zu schätzen: Er hält den Atem frisch und die Zähne weiß. Die Vereinigung der Mastix-Anbauer vertreibt kosmetische Produkte, Essenzen, Süßigkeiten, Getränke und den berühmten Kaugummi aus dem Mastix-Strauch.
Panepistimiou 6; U-Bahn: Syntagma;
Mo–Fr 9–21 Uhr, Sa bis 17 Uhr

GESCHENKE
In der Adrianou- und der Pandrosou-Straße in Richtung Flohmarkt reiht sich ein Souvenir-Shop an den anderen: Beliebt sind Gipsabgüsse klassischer Kunst, Keramik, Taschen aus hartem Kalbsleder, die erst richtig schön sind, wenn sie mit den Jahren Patina ansetzen, Schmuck, Naturschwämme und Seifen aus Olivenöl. Nippes, Kitsch und Kunst, hier ist für jeden Geschmack etwas dabei!

Apivita ····⟩ S. 114, B 8
Düfte und Naturkosmetik aus dem Garten Griechenlands: Honig schmeckt nicht nur gut, sondern macht auch schön! Die Produkte der umweltbewussten Firma sind inzwischen ein Renner von New York bis London.
Solonos 26; U-Bahn: Syntagma

MERIAN-Tipp

⑥ Olive Wood

Der Schauspieler Vangelis verkauft die verschiedensten Produkte, die alle in Handarbeit aus dem Heiligen Baum der Griechen hergestellt werden. Verarbeitet werden vor allem die Zweige des knorrigen Ölbaums, der bis zu 2000 Jahre alt werden kann. Zwei Jahre trocknen diese im Schatten, bis ihnen auch das letzte Tröpfchen Feuchtigkeit genommen ist, um dann in mühseliger Schnitzarbeit liebevoll in Honiglöffel, Salatbesteck, Pfeffermühlen, Senftöpfchen und vieles mehr verwandelt zu werden. Nehmen Sie sich Zeit und verwickeln Sie Vangelis in ein Gespräch, er spricht Deutsch und wird Sie in die Welt der Kunst und des Handwerks entführen und Ihnen gerne auch seine Kaleidoskope und Schmuck zeigen.

Mnisikleous 8; U-Bahn: Monastiraki
⸺⟩ S. 117, F 9

Fresh Line ⸺⟩ S. 114, C 8
Düfte (fast) wie in der Provence: griechische Naturkosmetik, z.B. Seifen, die am Block geschnitten und nach Gewicht verkauft werden.
Skoufa 10; U-Bahn: Panepistimio

Griechische Wohlfahrtsorganisation
⸺⟩ S. 118, A 13
Die staatlich kontrollierte Organisation fördert griechische Handarbeit und unterstützt Frauen auf dem Land. Die Waren (Wollteppiche, Kelims, Kissenhüllen, Stickereien) sind aus ausgesuchten natürlichen Materialien griechischer Herkunft und werden von Hand verarbeitet. Die Motive orientieren sich an byzantinischen, folkloristischen und abstrakten Vorbildern. Einige Kelims haben internationale Design-Preise erhalten.
**Filellinon 14; U-Bahn: Syntagma;
Tel. 21 03 25 02 40-1; www.ikpa.gr**

Kentro Ellinikis Paradosis
⸺⟩ S. 117, F 9
Inmitten von Kitschläden ist das »Zentrum für griechische Tradition« eine Wohltat. Durch eine Passage gelangt man in den ersten Stock, in dem Töpferwaren, Messingteile, Ikonen und Kulinarisches feilgeboten werden. Ein Besuch im Kafeneion »I oraia Ellas« (»das schöne Griechenland«) mit Blick auf die Akropolis rundet den Besuch ab.
**Stoa Mitropoleos 59, Pandrousou 36;
U-Bahn: Monastiraki**

Kyladische Kunst ⸺⟩ S. 118, C 13
Die besten Nachbildungen der Stücke kauft man im gut sortierten Kykladen-Museum im Kolonáki-Viertel
Neofytou Douka 4; U-Bahn: Evangelismós

FÜR KINDER
Lapin House 👣 ⸺⟩ S. 118, A 13
Griechische Designer-Kindermode, die mittlerweile auch in Australien, New York und Italien erfolgreich ist. Hervorragende Verarbeitung, hübsches Design für Kinder aller Altersgruppen.
Ermou 21, auch in Kolonáki (Anagostopoulou 2); U-Bahn: Syntagma

LEDERWAREN UND SCHUHE
KEM ⸺⟩ S. 114, C 8
Handtaschen für den täglichen Gebrauch und für besondere Gelegenheiten aus griechischer Fabrikation, jeweils die neuesten Trends und Klassiker. Hervorragende Verarbeitung.
**Patriarchou Ioakim 26 A, Kolonaki;
U-Bahn: Syntagma**

Spiliopoulos ⸺⟩ S. 113, F 4
Ein chaotisches Sammelsurium an Markenschuhen und hochwertigen Lederwaren, in dem man nach einigem Stöbern so manches Schnäppchen ergattern kann. Man vermeide allerdings die Abendstunden und Wochenenden.
**Ermou 63; auch in Adrianou 50;
U-Bahn: Monastiraki**

Stavros Melissinos   ⋯⟩ S. 117, F 9

Der berühmteste Sandalen-Schuster Athens ist im Nebenberuf Dichter und setzt damit die antike Tradition fort, nach der Kunst und Handwerk nicht getrennt waren. Zahlreiche Prominente wie etwa Sophia Loren, Jackie Onassis und Michel Piccoli haben seine Jesus-Latschen getragen – ob sie auch sein dichterisches Werk gelesen haben?

Pandrosou 89; U-Bahn: Monastiraki

MODE

Mad Hat 👫   ⋯⟩ S. 114, C 8

Modische Accessoires für die Dame und ihre Kinderschar: Es gibt Hüte, Mützen, Schals, Ponchos, Sandalen und Taschen.

Skoufa 23, Kolonaki; U-Bahn: Syntagma

Rococo   ⋯⟩ S. 114, C 8

Griechische Mode für Sie und Ihn, für Freizeit und Business, chic und lässig. Interessante Preise.

Ecke Irakleitou/Skoufa;
U-Bahn: Syntagma

SCHMUCK

Folli Follie   ⋯⟩ S. 118, A 13

Die weltweit erfolgreiche griechische Kette verkauft echten und Mode-Schmuck, Accessoires, Handtaschen, Uhren u.v.m. Große Auswahl am Flughafen (Abflugshalle), im Kolonáki-Viertel und zentral in der Fußgängerzone.

Ermou 18; U-Bahn: Syntagma

Ilias Lalaounis   ⋯⟩ S. 114, B 8

Die Kreationen des international bekannten Juweliers mit Filialen in New York, Paris und Tokio sind exquisite Kunstwerke nach antiken, byzantinischen, mythologischen, ethnischen und naturwissenschaftlichen Motiven. Wer nichts kaufen möchte, kann sich im nach ihm benannten Schmuckmuseum des Meisters satt sehen (→ MERIAN-Tipp, S. 71).

Panepistimiou 6/Voukourestiou;
U-Bahn: Panepistimio

Perikles   ⋯⟩ S. 117, E 9

Das Mekka für Hippies und Kreative: Hier gibt es Perlen in allen Varianten, aus Holz, Metall, Email, Stein und Plastik, mit denen sich wunderbare, individuelle Stücke anfertigen lassen. Gleich nebenan in der Nummer 29 schmiedet Altmeister Antonios Kouretas seit Jahrzehnten Schmuck aus Gold und Silber, seine Spezialität sind Kartuschen, die er auf Wunsch individuell und in Hieroglyphen anfertigt.

Adrianou 27; U-Bahn: Monastiraki

Zolotas   ⋯⟩ S. 114, A 8

Bekannter griechischer und auch international renommierter Juwelier, der mit Repliken archaischer, klassischer und hellenistischer Kunst berühmt wurde. Seit 1972 hat das Unternehmen Zolotas das Exklusivrecht für die Nachbildung von Museumsstücken. Die handgemachten Stücke haben natürlich auch ihren Preis.

Stadiou 9; U-Bahn: Syntagma

Die junge selbstbewusste Griechin legt viel Wert auf Mode und Design.

Am Abend

Trendige Bars, Open-Air-Kinos oder Rembetiko –
spät wird es immer in Athen!

*Im Herzen der Plaka liegt das Brettós, charmante Bar und älteste Destillerie Athens.
Die bunten Flaschen sind nicht nur hübsche Dekorstücke, sie enthalten edelste
Schnäpse, Liköre, Weine und Ouzo aus eigener Herstellung.*

Ausgehen ist in Athen meistens gleichbedeutend mit essen. Viele Restaurants sind Musiklokale, und die Grenze zwischen Restaurant, Bar und Show ist nicht immer eindeutig. Die Griechen mögen es gerne laut, kennen die klassischen Lieder und stimmen in den Gesang ein. **Skiládika**, Hundelokale, heißen denn auch die brechend vollen Nachtlokale, die zu besonderen Anlässen frequentiert werden. Athens Restaurants bieten natürlich etwas für jeden Geschmack: leise Pianomusik im Hintergrund, die Balladen von Chatzidákis, die Freiheitslieder von Theodorákis und natürlich **Rembétika**, die einstigen Lieder der 1922 an die Türkei verlorenen Städte in Kleinasien.

Wer immer in Athen ausgeht, muss sich auf einen langen Abend und hohe Preise einstellen. Vor Mitternacht ist in den Clubs, Discos und Bars nichts los. Die Jahreszeit macht da keine Ausnahme, im Sommer verlagert sich das Leben nach draußen oder sogar an den Strand. Die Athener sind fleißige Theater- und Kinogänger und gehen im Anschluss an die Vorstellung noch gerne essen. Höhepunkt ist alljährlich das Athener Festival im Herodes-Atticus-Theater am Südabhang der Akropolis.

BARS

Bacaro ····≫ S. 114, A 8
Café, Bar, Restaurant und Galerie in einem. Ab 23 Uhr proppenvoll.
Sofokleous 1; U-Bahn: Panepistimio;
Tel. 21 03 21 18 82; So geschl.

Brettós ····≫ S. 118, A 13
Urige Bar im Herzen der Plaka. Zu später Stunde rückt man eng zusammen vor Weinfässern und an der Theke, an der die berühmten Schnäpse, Liköre, Weine aus eigener Herstellung zum Ausschank und Verkauf feilgeboten werden. Die Destillerie Brettós gibt es übrigens seit 1890.
Kydathineon 41; U-Bahn: Syntagma;
Tel. 21 03 23 21 10

MERIAN-Tipp

⑦ Kino unterm Sternenhimmel

Viele Kinos ändern wöchentlich ihr Programm (→ Zeitungen, S. 110). Ausländische Filme werden grundsätzlich nicht synchronisiert, sondern nur untertitelt. Ein besonderes Erlebnis sind die unzähligen Freilichtkinos im Sommer (Mai bis Oktober) unter dem Sternenhimmel von Athen. Hier eine Auswahl:

Aigli Das älteste Freilichtkino der Stadt. Das Restaurant daneben sorgt dafür, dass keiner während des Films verhungert.
Zappeio-Park; U-Bahn: Syntagma;
Tel. 21 03 36 93 69 ····≫ S. 118, B 14

Cine Paris Eines der traditionsreichsten Freilichtkinos der Stadt mit einer hinreißenden Akropolis-Kulisse von den oberen Sitzplätzen.
Kydathineon 22; U-Bahn: Syntagma;
Tel. 21 03 22 20 71 ····≫ S. 118, A 13

Dexameni Ein lauschiges Plätzchen für einen lauen Sommerabend. Am gleichnamigen Platz mitten im Kolonáki-Viertel.
U-Bahn: Evangelismós;
Tel. 21 03 60 23 63 ····≫ S. 114, C 8

Thisseion Ein altmodisches Kino in netter Gegend. Von den hinteren Plätzen kann man die Akropolis sehen.
Apostolou Pavlou 7; U-Bahn: Thisio;
Tel. 21 30 42 08 64 ····≫ S. 117, E 9

Briki ····≫ S. 115, F 7
Neben der amerikanischen Botschaft gelegen und benannt nach dem Stielkännchen, mit dem der griechische Kaffee zubereitet wird. Das Briki ist einer der Hot Spots der Stadt, wenngleich viel zu eng. Für Athener Verhältnisse angenehme Preise.
Dorilaiou 6; U-Bahn: Megaro Mousikis;
Tel. 21 06 45 23 80

Eine beliebte Abendunterhaltung der Athener sind Kino- und Theaterbesuche.

Galaxy-Bar   ····⟩ S. 115, E 8
Vom obersten Stock des Hilton-Hotels bietet sich ein atemberaubender Blick auf die City-Skyline. Gute Musik.
Vas. Sofias 46; U-Bahn: Evangelismós; Tel. 21 07 28 13 42

Guru-Bar   ····⟩ S. 113, E 4
Chill-out im Mykonos-Dekor. Angesagte Bar im Psirri-Viertel. Serviert auch thailändische Spezialitäten.
Plateia Theatrou 10; U-Bahn: Monastiráki; Tel. 21 03 24 65 30; So geschl.

Stavlos   ····⟩ S. 117, D 9
Das Stavlos ist Institution und Bar, Café und Mezedopoleion in einem. Mehrere Räume, im Sommer sitzt man unter freiem Himmel.
Irakleidon 10; U-Bahn: Thisio; Tel. 21 03 47 87 16

Tango   ····⟩ S. 113, E 4
Gute Cocktails, Hightech-Deko, gute Musik, gute Stimmung!
Anargyron 21; U-Bahn: Monastiraki; Tel. 21 03 31 19 92; Mitte Juli–Anfang Sept. geschl.

BOUZOUKIA
Wer sich für ein ohrenbetäubendes Spektakel und eine Mischung aus Pop und orientalischer Musik begeistert, sollte ein Bouzouki-Lokal besuchen. Die Eintritte und Getränke (für die Whisky-Flasche werden mindestens 100 € berechnet) sind gepfeffert, aber der landeskundliche Erlebniswert ist hoch. Bouzouki-Lokale engagieren häufig für eine Saison eine Sängerin, Interessierte sollten sich daher in den aktuellen Veranstaltungskalendern nach den neuesten Hits erkundigen. Im Juli und August verlegen viele Lokale ihr Veranstaltungsprogramm an die Strände. Bekannte Bouzouki-Lokale, in denen die griechischen Stars auftreten, befinden sich im Gazi- und Kerameikos-Viertel.

Iera Odos   ····⟩ S. 112, C 4
Iera Odos 18-20; U-Bahn: Kerameikos; Tel. 21 03 42 82 72-5

VOX   ····⟩ S. 112, C 4
Iera Odos 16; U-Bahn: Kerameikos; Tel. 21 03 41 10 00

DISKOTHEKEN, CLUBS UND LIVEMUSIK
Im Sommer spielt sich das Clubleben an den Stränden von Glyfada und Vouliagmeni ab. Viele Athener Diskotheken ziehen dann um, manche bis nach Mykonos. Jedes Jahr gibt es neue Trends, neue Hot Spots. Zu den Stranddiscos kommt man nur mit dem Taxi.

Bo Club   ····⟩ Umschlagkarte hinten
Beliebte Sommerdisco mit Mainstream-Musik in Voula, auf der Höhe des EOT-Strandes.
K. Karamanli 14; Tel. 21 08 95 96 45

Envy   ····≻ Umschlagkarte hinten
Sommerdisco mit berühmten DJs in
Voula.
**K. Karamanli 4, gleich neben Bo Club;
Tel. 21 08 95 39 73**

Folie   ····≻ Umschlagkarte hinten
Rhythm & Blues, dienstags gibt es La-
tino, mittwochs Brasilianisch, don-
nerstags HipHop, freitags Disco und
samstags Mix. Sehr gute Musikaus-
wahl, Bombenstimmung. Der Eintritt
beträgt etwa 9 €.
**Eslin 2; U-Bahn: Ambelokipi;
Tel. 21 06 46 98 52; tgl. außer So ab
22.30 Uhr, im Sommer geschl.**

Lava Bore   ····≻ S. 118, A 13
Sehr beliebte Disco bei den 18- bis
25-jährigen Athenern, freier Eintritt,
günstige Getränke.
**Filelinon 25; U-Bahn Syntagma;
Tel. 21 03 24 53 35**

Mike's Irish Bar   ····≻ S. 115, östl. F 7
Täglich Live-Musik (das Programm
reicht von Rock über Disco,
und Blues bis hin zu Latin und Irish).
Von Sonntag bis Mittwoch gibt es Ka-
raoke. Freier Eintritt.
**Athens Tower, Sinopsis 6; U-Bahn:
Ampelokipoi; Tel. 21 07 77 67 97**

Palenque   ····≻ Umschlagkarte vorne
Athens Tango-Szene trifft sich hier re-
gelmäßig, auch Livekonzerte (Latin,
Ethno).
**Farandaton 41; Stadtteil Goudi;
Tel. 21 07 75 23 60; Mo, Di geschl.**

FOLKLORE
Dora Stratou Theater   ····≻ S. 117, D 10
Seit über fünfzig Jahren hat sich dieses Theater auf dem Philópappos-Hügel zu einer echten Athener Institution entwickelt. Auf ihren Reisen durch
Griechenland scharte Dora Stratou
die besten Tänzer und Volksmusiker
des Landes um sich, sammelte ihre
Lieder, Tänze, Trachten und volkstümlichen Schmuck. Stratou wurde
zur Botschafterin der griechischen
Volkskultur, produzierte Schallplat-
ten und ging mit ihrem Tanztheater
auf Tournee. Seit 1964 hat ihr Ensemble eine feste Spielstätte: Von
Mai bis September finden jeden
Abend (außer Mo) auf dem Philóp-
pos-Hügel Vorstellungen griechischer
Tänze aus allen Regionen des Landes
statt. Die 60 Tänzer und 25 Musiker
des renommierten Ensembles tragen
die regionalen Trachten.
**Informationen: Tel. 21 03 24 43 95 (9–16
Uhr). Vorstellungen jeden Abend außer**

*Die Athener verbringen warme Sommerabende gerne im Freien. Die kleinen Gassen
der Plaka verwandeln sich dann in ein einziges Freiluft-Restaurant.*

Mo um 21.30 Uhr, So um 20.15 Uhr;
Platzreservierung nicht nötig, Tickets ca.
15 €; U-Bahn: Akropolis, dann Fußweg in
Richtung Pnyx, ausgeschildert

KONZERTE, THEATER UND OPER

Ethniki Lyriki Skini (Staatsoper) 👥
⤑ S. 114, A 7

Maria Callas startete hier ihre Karriere, und zeitgenössische griechische
Primadonnen wie Agnes Baltsa treten
regelmäßig hier auf. Von außen sieht
das staatliche Opernhaus eher wie
ein heruntergekommenes Bürohaus
aus, und so mancher Kinosaal ist
pompöser. Das Ensemble tritt im
Olympia-Theater an der Akademias-
Straße, aber auch im Megaro Mousikis,
der Athener Konzerthalle (→ S. 39),
auf und unterhält eine Bühne für Kin-
deraufführungen (Akropol-Theater,
Ippokratous 9–11). Im Sommer zieht
die Staatsoper ins Herodes-Atticus-
Theater ins Freie. Auf dem Spielplan
stehen u. a. italienische Bel-Canto-
Opern, Operetten und Ballett.
Akadimias 59–61; U-Bahn: Panepistimio;
Tel. 21 03 61 24 61; www.nationalopera.gr;
Vorverkauf Mo–So 9–21 Uhr

Ethniko Theatro   ⤑ S. 113, F 3

Das griechische Nationaltheater ist in
einem repräsentativen neoklassizistischen Gebäude untergebracht. Es
besteht bereits seit 1880 und umfasst neben dem Haupthaus auch ein
experimentelles Theater, ein Kin-
dertheater und eine Bühne für zeit-
genössisches Theater. Gespielt werden Stücke griechischer und ausländischer Autoren – ausnahmslos auf
neugriechisch.
Agiou Konstantinou 22; U-Bahn: Omónia;
Tel. 21 03 30 18 8; www.n-t.gr

Half Note   ⤑ S. 118, B 14/15

Athens bekanntestes Jazz- und
World-Music-Lokal in der Nähe des
Ersten Friedhofs. Hier treten auch internationale Stars auf. Klassischer
und moderner Jazz. Die Konzerte beginnen gegen 22.30 Uhr, die Eintritts-
preise sind relativ günstig.
Trivonianou 17; U-Bahn: Akropolis;
Tel. 21 09 21 33 10; www.halfnote.gr

Herodes-Atticus-Theater
⤑ S. 117, E 10
→ S. 54

Leidenschaftlich und mitreißend: Die Rembetiko-Lieder, einst nur in düsteren Kellerknei-
pen gesungen, handeln von Liebe und Sehnsucht und sind bei Alt und Jung beliebt.

Literarische Gesellschaft Parnassos
···→ S. 114, A 8

In der Halle der Literarischen Gesellschaft Parnassos finden Musikveranstaltungen statt. Die Spielzeit dauert von Oktober bis Mai, alle Konzerte beginnen um 20.30 Uhr. Preise zwischen 10 und 25 €. Das Repertoire umfasst Klassik, Kammermusik, Oper, Operette, Musical, zeitgenössische Musik, Byzantinische Musik, Jazz.
Plateia Agiou Georgiou Karytsi 8;
U-Bahn: Panepistimio; Tel. 21 07 23 45 67;
www.ticketservices.gr

Megaro Mousikis
···→ S. 115, F 7

Das Athener Konzerthaus ist ein architektonisches Meisterwerk mit mehreren Konzertsälen, das jedes Jahr internationale Orchester, Dirigenten, Musiker und Sänger von Weltrang einlädt. Neben klassischen Konzerten, Tanztheater, Oper- und Ballettaufführungen treten hier auch bekannte griechische Sänger wie Giorgos Dalaras oder Maria Farantouri auf. Im Foyer finden regelmäßig hervorragend kuratierte Kunst- und Architekturausstellungen statt.
Vassilis Sofias/Ecke Kokkali; U-Bahn: Megaro Mousikis; Kartenverkauf: telefonisch mit Angabe der Kreditkartennummer unter Tel. 21 07 28 23 33, am Syntagma-Platz (Ecke Ermou 1) Mo–Fr 10–20, Sa 10–15 Uhr oder im Konzerthaus Mo–Fr 10–18, Sa 10–14 Uhr; www.megaron.gr

REMBETIKO-LOKALE

Rembetiki Istoria
···→ S. 114, B 7

Ein authentisch verrauchtes, kleines Rembetiko-Lokal im studentischen Exarchia-Viertel. Von der Wand blicken auf vergilbten Fotografien die Sänger von einst auf die Bühne.
Ippokratous 181; U-Bahn: Panepistimio; Tel. 21 06 42 49 37; Di–So ab 23 Uhr

Stoa Athanaton
···→ S. 113, F 4

Mitten im Zentralmarkt liegt dieses klassische Rembetiko-Lokal, das seit 1930 viele berühmte Sänger auf seine Bühne holte.

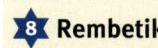

MERIAN-Tipp

⑧ Rembetiko

Istanbul und Izmir brachten als Schmelztiegel europäischer und orientalischer Traditionen im 19. Jh. und zu Beginn des 20. Jh. eine Musikkultur hervor, die man heute als »Ethno« oder »Weltmusik« bezeichnen würde. Durch die Flüchtlinge aus Kleinasien nach 1922 kam die Musik nach Griechenland und wurde zunächst in Kellerkneipen am Hafen von Piräus gepflegt. Aus dem Liedgut des Subproletariats, das von Haschischrauchern, Spielern und Huren erzählt, entwickelte sich eine allmählich auch an die Öffentlichkeit gelangende Rembetiko-Musik, die ihren Namen von »rembétis« (= unbändig, widerspenstig) ableitet. Der Film »Z« von Costas Gavras nach dem gleichnamigen Roman von Vassilis Vassilikos mit Yves Montand hat dem Rembetiko schließlich ein Denkmal gesetzt. Heute hat Rembetiko längst alle Gesellschaftsschichten durchdrungen und ist in allen Generationen gleichermaßen beliebt. Die Lieder besingen die verlorene Heimat, die Liebe und Sehnsucht. Wichtigste Instrumente sind Zupfinstrumente wie das Bouzoúki, Baglamás und die Gitarre, aber auch Violine, Banjo und Rassel.

Sofokleous 19/Passage Athanaton;
U-Bahn: Omónia; Tel. 21 03 21 43 62; Mo–Sa 15–19.30 und (authentischer) ab 23 Uhr

TON- UND LICHTSCHAU

Ton-Licht-Schau
···→ S. 117, D 9

Kitschig, aber schön ist die sommerliche Veranstaltung an der Akropolis. Wenn es Nacht wird, erstrahlt der Burgberg in allen Farben, aus Lautsprechern ertönt die Geschichte der Stadt.
Vorstellungen in deutscher Sprache jeden Di und Fr ab ca. 23 Uhr auf dem Pnyx-Hügel

Feste und Events

Antike Kulissen für Theater und Musik. Das Repertoire reicht von klassisch bis modern.

Das antike Herodes-Atticus-Theater (→ S. 54) bildet einen würdigen Rahmen für das Athener Festival, das alljährlich von Juni bis September stattfindet.

In Athen ist man das ganze Jahr über bis spät in die Nacht auf den Beinen. Einen Anlass dafür brauchen die Athener nicht, ihnen genügt das gesellige Zusammensein. Im Sommer jedoch, der ein halbes Jahr dauert, zieht es die Athener ins Freie. Dann finden auch die großen Musikfestivals statt. Seit über 50 Jahren zieht das **Athener Festival** griechische wie internationale Gäste in seinen Bann. Eine Bel-Canto-Oper, eine Ballettaufführung oder auch ein Konzert im Herodes-Atticus-Theater am Südabhang der Akropolis und zu Füßen des erleuchteten Parthenon-Tempels ist sicherlich ein unvergessliches Erlebnis, vergleichbar nur mit den Opernaufführungen in der Arena von Verona oder den Aufführungen antiker Tragödien in Epidauros, die ebenfalls zum Athener Festival gehören. Von Juni bis September treten hier international renommierte Orchester auf, werden Opern- und Ballettaufführungen und Konzerte aller Musikrichtungen gegeben. Jedes Jahr werden griechische Sänger wie Giorgos Daláras und Maria Farandoúri von ihren Fans aus dem In- und Ausland umjubelt. Weltstars wie Maria Callas, Jessye Norman, Luciano Pavarotti, Rudolf Nurejew, Andrea Bocelli u.v.m. haben hier sensationelle Erfolge gefeiert. Das Ballett von Monte Carlo gastiert regelmäßig in Athen. Auch die Tanzvorführungen des traditionsreichen Lyzeums der Griechinnen gehören zum Muss für Athen-Besucher.

Viele Athener Reisebüros organisieren freitags und samstags Busfahrten nach **Epidauros** (Fahrtzeit einfache Strecke: 2,5 Stunden). Aufgeführt werden die antiken Tragödien von Aischylos, Sophokles und Euripides. Auch ohne Griechischkenntnisse ein eindrucksvolles Ereignis!

Seit 1995 wird das Dionysos-Theater in Epidauros auch für musikalische Veranstaltungen im Juli genutzt. Die Athener Konzerthalle organisiert Schiffsausflüge.

Es empfiehlt sich, bereits vor der Abreise Karten zu reservieren. Informationen und Tickets unter www.greekfestival.gr, telefonische Kartenvorbestellungen unter Angabe der Kreditkartennummer unter Tel. 00 30-21 03 27 20 00 (Mo–Fr 8.30–20, Sa 9–14.30 Uhr). Der Vorverkauf beginnt jeweils drei Wochen vor der Vorstellung. Kartenreservierung vor Ort: täglich im Festivalbüro in der Panepistimiou-Straße 39, Mo–Fr 8.30–16, Sa 9–14.30 Uhr.

Mai bis September

Volkstanzveranstaltungen im Dora-Stratou-Theater am Philópappos-Hügel (→ S. 35).

Ende Mai/Anfang Juni

Vier Tage lang jazzt das Kunst- und Medienzentrum Technopolis/Gazi. Das **Jazz-Festival** führt Jazz-Musiker aus den EU-Ländern zusammen.

Technopolis/Gazi, Pireos 100;
U-Bahn: Kerameikos; Eintritt frei

Juni/Juli

Weniger bekannt als das Athener Festival, aber bei den Athenern nicht minder beliebt sind die **Sommerkonzerte** auf dem Lykavittos-Berg. Jedes Jahr treten hier Pop- und Rock-Gruppen, Jazzmusiker und Vertreter der World-Musik von internationalem Renommée auf.

Aktuelle Informationen in der Zeitung
(→ S. 110).

Für die meisten Griechen ist das Jahr aber vom griechisch-orthodoxen Festtagskalender geprägt. Man wird der griechischen Seele am nächsten kommen, wenn man sich z.B. zu Beginn der Fastenzeit am »Reinen Montag« (Kathara Deftera) am Philópappos-Hügel unters Volk mischt. Oder sich in der Plaka zu später Stunde einer Karfreitagsprozession anschließt. Am Tag darauf kann man um Mitternacht mit den Einheimischen den Auferstehungsgottesdienst feiern.

Familientipps – Hits für Kids

Immer nur antike Säulen? Weit gefehlt! Auch in Athen können sich die Kinder austoben.

Mit Kindern in Athen? Überhaupt kein Problem, wenn man für Abwechslung sorgt. Den ganz kleinen Besuchern mögen zwar auch die antiken Säulen wie ein Abenteuerspielplatz vorkommen, doch die Größeren werden Kindermuseum und -theater vorziehen.

Griechische Eltern tun alles für ihre Kinder, oft verwöhnen sie sie nach Strich und Faden. Besonders sonntags werden die Kinder herausgeputzt zur »volta«, dem Spaziergang (der sich meist als Autofahrt entpuppt). Andererseits gibt es nur sehr selten Extras wie Kindermahlzeiten, spezielles Kindergeschirr, Kindersitze oder festgelegte Ruhezeiten: Griechische Kinder essen selbstverständlich Oliven und Käse, sie gehen sehr spät schlafen, trinken wie die Großen am liebsten »neró«, einfaches Leitungswasser. Die Kinder wissen um diesen unbeschwerten Umgang miteinander und danken es den Eltern ein Leben lang mit unerschütterlichem Vertrauen in die Familie.

Wie jede Großstadt wirkt Athen auf Kinder und Eltern zunächst anstrengend. Wohin mit den lieben Kleinen, wenn diese partout nicht für Säulen zu begeistern sind und in der dritten byzantinischen Kirche angesichts streng von den Wänden blickender Heiliger streiken? Es gibt keinen richtigen Zoo im Stadtgebiet Athen, und das Federvieh im **Nationalgarten** ist nur ein schwacher Ersatz: Dort haben die Kleinen allerdings genügend Auslauf. Stufen zählen im alten marmornen Stadion? Bevor Sie resigniert an die Strände Attikas fahren, legen Sie eine Pause ein im Kindermuseum!

KINDERMUSEEN

Kinderkunstmuseum ····⟩ S. 118, A 13
Dies ist eines der wenigen Museen auf der Welt, das Kunst von Kindern und für Kinder fördert und ausstellt.
Kodrou 9; U-Bahn: Syntagma;
Tel. 21 03 31 26 31; www.childrenart museum.gr; Sept.–Juli Di–Sa 10–14,
So 11–14 Uhr; Eintritt 2,50 €

Kindermuseum ····⟩ S. 118, A 13
Hier können Kinder zwischen vier und zwölf Jahren selbst kreativ werden! Unter der Aufsicht von zehn erfahrenen Pädagogen lernen sie spielend die Welt der Großen kennen. Sie »arbeiten« in einer Bank oder in einer Schokoladenfabrik, backen Kekse, kaufen im Supermarkt ein und erfahren, wie man sich gesund ernährt und den Müll trennt. Ein Museum zum Anfassen, nicht zum Angucken! Sprachprobleme sind angesichts der lockeren Atmosphäre schnell vergessen, mitmachen ist alles! Mit kleinem Verkaufsraum für Spielzeuge.
Kydathinaion 14; U-Bahn: Syntagma;
Tel. 21 03 31 29 95; www.hem.gr; Di–Fr 10–14, Sa–So 10–15 Uhr; freier Eintritt

KINDERSPIELRAUM

Am Flughafen gibt es einen Kinderspielraum, in dem Babies und Kinder bis zu zwölf Jahren von erfahrenem, geschultem und freundlichem Personal betreut werden. Während Sie Ihre Einkäufe erledigen oder auch nur längere Wartezeiten in Kauf nehmen müssen, wird gespielt, gesungen (sogar eine Auswahl deutscher Kinderlieder und Kinderbücher steht bereit) und gemalt – und alle Bilder werden gesammelt. Vergessen Sie nicht, alle 15 Minuten vorbeizuschauen. Der Service ist kostenlos.
In der Abflughalle; tgl. 9–21 Uhr

THEATER FÜR KINDER

Es gibt erstaunlich viele Theatervorführungen für Kinder; und auch für diejenigen, die der griechischen Sprache nicht mächtig sind, ist der Besuch eines **Puppentheaters** oder des traditionellen **Schattentheaters** mit der Figur des listigen Karaghiozis sehr lohnend. Auch Erwachsene haben hier ihren Spaß!

Figoures kai Koukles 👫
····⟩ S. 118, A 13
Eine kleine Puppentheaterbühne mitten in der Plaka, beliebt bei Alt und Jung. Die Vorstellungen finden gewöhnlich sonntags vormittags und nachmittags statt.
Tripodon 30; U-Bahn: Akropolis;
Tel. 21 03 22 75 07

Unterwegs in Athen

Die Akropolis, das Wahrzeichen von Athen, vom Philópappos-Hügel aus gesehen. Die kahle Felskuppe wird vom berühmten Parthenon (→ S. 48), dem Tempel der Athena Parthenos, überragt. Links im Bild sind die Propyläen (→ S. 48) und im Vordergrund die Reste des Herodes-Atticus-Theaters (→ S. 54) zu sehen.

Die Ringstraße der Akropolis, Europas längste Fußgängerzone, verbindet auf einem »archäologischen
Spaziergang« Athens Highlights – der beste Weg,
die Wiege der abendländischen Kultur zu erkunden.

Sehenswertes

Athen, die älteste Hauptstadt Europas, präsentiert stolz die Zeugen einer 2500-jährigen Geschichte.

Der autofreie Monastiraki-Platz (→ S. 57) mit der gleichnamigen U-Bahnstation wird von der byzantinischen Kirche Panagia Pandanassa und der Tsidarakis-Moschee gesäumt.

Prunkstück ist das Wahrzeichen der Stadt, ihre Keimzelle und Wiege der Demokratie: die Akropolis. Um sie herum erkundet man bequem zu Fuß die wichtigsten archäologischen Stätten. Daneben gilt es, das geheimnisvolle Byzanz, türkisches Flair und eine pulsierende moderne Metropole, die niemals schläft, zu entdecken.

Wer zum ersten Mal nach Athen kommt, will natürlich die antiken Stätten besuchen: Die Akropolis auf dem 156 m hohen Burghügel ist das Wahrzeichen der Stadt und erinnert auch nach 2500 Jahren eindrucksvoll an das kulturelle und politische Zentrum des antiken Hellas. Unter ihr breitet sich die Agorá aus, wo sich Philosophen, Händler und Politiker trafen. Vom Areopag, der alten Gerichtsstätte, kann man das Areal gut überblicken. Läuft man am Heiligen Felsen der Akropolis vorbei in Richtung Südwesten, gelangt man zur antiken Stätte der Volksversammlung, der Pnyx.

Doch Athen hat mehr zu bieten als nur Antikes! Byzantinische Kirchen und Klöster entführen den Besucher in die Welt der griechischen Orthodoxie. Die verwinkelten Gassen der Plaka haben ihren dörflichen Charme bewahrt und versetzen den Spaziergänger in eine andere Zeit: Dank umfangreicher Restaurierungsarbeiten der letzten Jahre ist manches klassizistische Architekturjuwel wieder herausgeputzt. Dazwischen finden sich originelle Souvenirs, kreative Werkstätten von Künstlern, Kitsch und Kunst! Und schließlich gilt es, hinter die Kulisse der Metropole des 21. Jh. zu schauen.

Agia Dinami ⇢ S. 118, A 13

Unter einem Betonklotz aus den 1960er-Jahren, der deshalb teilweise auf Stelzen erbaut wurde, behauptet sich mit »heiliger Kraft« – *agia dínami* – das winzige Kirchlein aus der Zeit der osmanischen Herrschaft.

Mitropoleos 15; U-Bahn: Syntagma

Agii Theodori ⇢ S. 114, A 8

Die in der zweiten Hälfte des 11. Jh. errichtete Kirche ist eine der ältesten der Stadt, die Innenausstattung ist allerdings modern. Am Außenbau fallen die reich dekorierten Tonplatten mit pseudokufischen Schriftzeichen, einer frühen Form der arabischen Schrift, auf. Ganz in der Nähe des Gotteshauses kann man Teile der Themistokleischen Stadtmauer aus dem 5. Jh. v. Chr. entdecken.

**Am Klafthmonos-Platz;
U-Bahn: Panepistimio**

Agorá ⇢ S. 117, E 9

Die Agorá war das gesellschaftliche Zentrum der antiken Stadt und in perikleischer Zeit, d. h. im 5. Jh. v. Chr., Symbol der attischen Demokratie: »agorázein« bedeutet im Altgriechischen »kompetent mitreden«, was gleichbedeutend mit »zur Agorá gehen« wurde. Hier wurde mit dem Anschlag auf Hippias und Hipparch das Ende der Tyrannei eingeleitet, diskutierten Staatsmänner wie Kimon, Themistokles und Perikles, unterrichtete Sokrates seine Schüler, wurde Gericht und Markt gehalten, hatte die Boulé, der Rat der Fünfhundert – das wichtigste Vollzugsorgan der Volksversammlung –, ihren Sitz. Quer durch die Agorá verlief die noch heute teilweise erhaltene **Panathenäische Straße,** auf welcher der wichtigste religiöse Staatsakt, der Festzug der Panathenäen, zelebriert wurde. Während der Plünderungen durch die Perser 480 v. Chr. wurde die Agorá stark beschädigt, doch später wieder aufgebaut und um zahlreiche weitere öffentliche Gebäude erweitert. Erneute Verwüstungen musste der Ort durch die Truppen Sullas 86 v. Chr. und im dritten nachchristlichen Jahrhundert durch die einfallenden Heruler hinnehmen. Wie Phönix aus der Asche erstand die Agorá immer wieder und verfiel erst im 6. Jh. n. Chr. allmählich. Der Ort blieb jedoch stets besiedelt: Im 11. Jh. errichtete man die **Kirche der Heiligen Apostel,** die als einziges nicht-antikes Monument die moderne Ausgrabungskampagne

überstand und dabei sorgfältig restauriert wurde. Sogar der **Hephaistos-Tempel** aus der 2. Hälfte des 5. Jh., auch **Theseion** genannt, wurde in eine Kirche umgewandelt, was ihn letztlich vor dem Verfall bewahrte. Er zählt mit dem Concordia-Tempel in Agrigent/Sizilien und dem sogenannten Poseidontempel in Paestum/Kampanien zu den am besten erhaltenen griechischen Tempeln dorischer Ordnung überhaupt. Sogar Teile der Kassettendecke sind erhalten. Der Tempel war dem Gatten Aphrodites, dem hinkenden Schmiedegott Hephaistos, gewidmet, worin sich das Selbstbewusstsein der in diesem Stadtviertel angesiedelten Schmiede und Handwerker ausdrückte. Die letzten 5000 Bewohner des Viertels wurden denn auch erst im 20. Jh., als amerikanische Archäologen umfangreiche Ausgrabungen sowie Rekonstruktionen antiker

Das einzige nicht-antike Bauwerk der Agorá: die byzantinische Kirche der Heiligen Apostel aus dem frühen 11. Jahrhundert.

Stätten betrieben, umgesiedelt. Die 1953–56 aus hymettischem und pentelischem Marmor wieder aufgebaute **Stoa des Attalos** birgt das sehenswerte **Agorá-Museum** (→ S. 65). Attalos II. war im 2. Jh. v. Chr. König von Pergamon in Kleinasien und blieb nicht der einzige fremde Herrscher, der sich einen Bau im fernen Athen verewigte. Zwischen der Attalos-Stoa und dem Hephaistos-Tempel gibt es allerlei Statuen, Säulenfragmente und Gebäudereste zu entdecken, und dank der Wiederbepflanzung der Agorá findet sich selbst im heißesten Sommer noch ein schattiges Plätzchen. Einen guten Überblick über die Agorá verschafft man sich vom Hephaistos-Tempel und vom Areopag.

Adrianou 24; U-Bahn: Monastiraki; Eintritt 4 €, erm. 2 €; im Sommer tgl. 8.30–19, im Winter bis ca. 15 Uhr

In Stein festgehalten: der Festzug der Panathenäen, auf dem Nordfries des Parthenon (um 440 v. Chr., Akropolis-Museum).

Akropolis   ⤳ S. 117, F 9

Den modernen Besucher des Wahrzeichens der Stadt empfängt eine **2** kahle Felskuppe, auf der vier Baumonumente aufragen: Als Erstes begegnet man den schon von weither sichtbaren **Propyläen**. Rechts davon erhebt sich der zierliche **Nike-Tempel**, der zurzeit komplett zu Restaurierungszwecken abgetragen wurde und nach und nach wieder aufgebaut wird. Hat man den Eingangsbau der Akropolis durchschritten, erblickt man rechter Hand den **Parthenon-Tempel** und links das **Erechtheion**.

Zu keiner Zeit vorher hat sich die Akropolis in dieser Weise präsentiert; in ihrer heutigen musealen Form stellt sie nämlich das Konstrukt der Archäologen dar, die von der Akropolis alle nicht-klassischen Zutaten entfernten. Denn im Gegensatz zu anderen berühmten Ausgrabungsstätten wie Troja oder Olympia war die Akropolis durchgehend bis ins 19. Jh. besiedelt. »Akra« bedeutet »Gipfel«, und die Burgspitze stellt die typische mykenische Bauweise dar, als in

vorgriechischer Zeit die Könige ihre Paläste auf einer befestigten Anhöhe errichteten, um sich gegen Feinde zu sichern. Der Berg sah damals noch anders aus, seine jetzige Gestalt verdankt er späteren Aufschüttungen und Befestigungen. Aus dieser frühen Zeit ist nur wenig bekannt, da es kaum Funde gibt. Fest steht, dass in der frühharchaischen Periode, also um die Wende vom 7. zum 6. Jh. v. Chr., mehrere Tempel errichtet waren, darunter der sogenannte »Alte Tempel« 556 v. Chr.

Noch ehe die archaische Epoche zu Ende ging, fielen die Perser in Athen ein, plünderten die Stadt und verwüsteten die Tempel. Die Athener waren vorher dem Rat des Themistokles gefolgt und hatten die Stadt verlassen. Bei ihrer Rückkehr fanden sie den Burgberg in Schutt und Asche. Anstatt wieder aufzubauen, beließen sie die Ruinen als Mahnmal und begruben die einzelnen Fragmente und

Skulpturen im Heiligen Felsen. Und hier wurden sie erst bei der Ausgrabungskampagne 1885–1891 – lange nach den Raubzügen früherer Ausgräber – wieder entdeckt und blieben an Ort und Stelle: Sie sind der Stolz des Akropolis-Museums, dessen Funde im Winter 2007 zum ersten Mal in der Geschichte den Heiligen Berg verließen und nun im neuen Akropolis-Museum, einer Schöpfung des Schweizer Stararchitekten Bernard Tschumi, am Südhang der Akropolis ausgestellt sind (→ S. 65).

Die nachfolgende Generation gründete in den 50 Friedensjahren zwischen dem Perserkrieg und dem Peloponnesischen Krieg, 480–431 v. Chr., eine moderne, fortschrittliche Stadt. Unter dem Staatsmann Perikles erreichte Athen seinen kulturellen, wirtschaftlichen und politischen Höhepunkt. Die vier erwähnten, noch aufrecht stehenden Bauten stammen in ihrer Konzeption aus dieser Zeit. Sie symbolisieren eine neue, demokratische Gesellschaft und unterschiedliche politische Gesinnungen: Während sich im Parthenon und den Propyläen die progressiv-demokratische Haltung Perikles' niederschlägt, sind der Nike-Tempel und das Erechtheion ein Zugeständnis an die konservative Strömung.

Die Volksversammlung der Stadt, das Gremium, in dem alle Vollbürger berieten und abstimmten, entschloss sich um 450 v. Chr. zum Bau von Parthenon, Nike-Tempel, Erechtheion und Propyläen. Alle Bauten sollten zum Zeichen des Fortschritts prachtvoll, außergewöhnlich und unübertroffen sein. Aus ältester Zeit stammte der Brauch, den Zugang zum Heiligtum durch einen Torbau, ein sogenanntes **Propylon**, abzugrenzen. Das Tor sollte des neu errichteten großen Tempels würdig sein und stellte große Herausforderungen an seinen Architekten Mnesikles aufgrund des engen und abschüssigen Bodens. Er schuf 437–432 v. Chr. einen

Monumentalbau aus zwei Fassaden mit je sechs dorischen Säulen, der Seite der Pnyx, wo die Volksversammlung tagte, und der Seite des Tempels zugewandt. Dazwischen errichtete er fünf Tore, von denen das mittlere das größte ist. Der panathenäische Festzug zog durch dieses Tor auf die Akropolis. Ein Teil der Kassettendecke der Hallen ist heute wieder hergestellt.

Hinter den Säulen blieb auf dem Felsvorsprung Raum für die Errichtung des **Nike-Heiligtums**. Der Tempel der Athena Nike, der siegbringenden Athena, wurde in den 20er-Jahren des 5. Jh. v. Chr. an alter Kultstätte neu gestaltet. Er steht in seiner zierlichen Form im Gegensatz zu den benachbarten monumentalen Propyläen. Der Marmortempel hat eine Halle mit je vier ionischen Säulen auf der Vorder- und der Rückseite. Der umlaufende Skulpturenfries zeigt Siegesgöttinnen und Opfertiere. Ein Teil dieser Friesplatten ist im Akropolis-Museum ausgestellt. Sie gehören zu den schönsten erhaltenen griechischen Bildhauerarbeiten: Die ihre Sandalen ablegende Siegesgöttin ist so kunstvoll gemeißelt, dass man den nackten Körper unter dem Faltenwurf des Gewandes erahnen kann.

Der **Parthenon** im dorischen Stil wurde der erste vollendete Tempel der Stadt, der von den Stufen bis zum Dach ganz aus Marmor bestand – und der größte dorische Tempel der gesamten griechischen Welt, dessen Bau zu Ende geführt wurde (die sizilianischen Tempel von Selinunt und Agrigent sind nie vollendet worden). Der Auftrag wurde den Architekten Iktinos und Kallikrates und dem Bildhauer Phidias erteilt. In nur 15 Jahren wurden Bau und die Ausschmückung der Giebelfelder, der 92 Metopen und des 160 m langen Frieses vollendet. Der Fries zog sich hinter dem äußeren Säulenkranz um den Tempel und bildete den Panathenäischen Festzug ab. Ungewöhnlich waren die acht

Blick von Südwesten auf den Parthenon. Der Tempel, am höchsten Punkt der Akropolis errichtet, verkörpert auch den Höhepunkt des klassischen Stils in der Architektur.

Säulen an West- und Ostseite (üblich waren sechs), und dementsprechend 17 Säulen (nach dem klassischen Schema: Zahl der Frontsäulen x 2+1) an den Längsseiten. Jede Säule trug 20 Kanneluren, Längsrillen, die an Ort und Stelle ausgeführt wurden, vier mehr als üblich, was die Säulen graziler erscheinen ließ. Die Größe des Baus wurde vom 12 m hohen Standbild der Athena Parthenos aus Gold und Elfenbein bestimmt. Es war das einzige kolossale Götterbild aus edelstem Material, das damals existierte, und erlangte schnell Berühmtheit. Geblieben ist nichts davon. Um ihm im Inneren Platz zu schaffen, wurde der Parthenon breiter und länger gebaut als üblich. Die Kulthandlung beschränkte sich auf die Verehrung dieser Götterstatue – einen eigentlichen Opferaltar hat es vor dem Parthenon nie gegeben. Den Hauptgiebel auf der Ostseite sah der Besucher erst, wenn er den Tempel ganz umschritten hatte. Einzelne Figuren des Giebels sind heute im British Museum ausgestellt. Die Götterfiguren konzentrierten sich auf die Geburt der Göttin Athena aus dem Haupt des Göttervaters Zeus. Der Westgiebel stellte den mythischen Streit zwischen Athena und Poseidon um die Stadt dar: Attika wurde zum Streitobjekt der Götter. Poseidon stieß voller Wut seinen Dreizack in die Erde der Akropolis, und eine Salzquelle sprudelte hervor. Athena aber pflanzte auf dem Felsen den Ölbaum und ging als Siegerin aus dem Wettstreit hervor. Der Athena Parthenos, der jungfräulichen Athena, wurde denn auch das größte Heiligtum, der Parthenon-Tempel, geweiht.

Poseidon dagegen erhielt sein Kultbild im Alten Athena-Tempel und später im neu errichteten **Erechtheion**. Der Name deutet auf Erechtheus, einen mythischen Urkönig von Attika. Der Gegensatz zum Parthenon könnte nicht größer sein: Dort handelt es sich um einen dorischen, monumentalen, schlichten Einzelbau, hier um einen ionischen, relativ kleinen, mehrgliedrigen Komplex. Nicht weniger als 13 Götter und Heroen wurden darin verehrt, die wichtigste war Athena Polias, die Stadtpatronin; damit nahm dieser Tempel auch das alte Kultbild auf. Die architektonische Komplexität der Anlage mit dem Mauerrechteck im Osten und dem vorgebauten Portikus aus sechs ionischen Säulen, der Säulenhalle im Norden und der Karyatidenhalle im Süden spiegelt den Palast der vielen Götter. Interessant ist das Erechtheion nicht nur in seinem Grundriss, sondern auch in seinem Aufriss: Die Fundamente der Süd- und der Ostmauer liegen rund 3 m tiefer als die der Nord- und der Westmauer. Das unterschiedlich hohe Geländeniveau wurde jedoch nicht ausgeglichen, sondern als charakteristisches Merkmal im Gebäude verarbeitet.

Die berühmten, als Koren oder Karyatiden bekannten Mädchenfiguren, die das Gebälk der Südhalle des Erechtheions, d.h. der dem Parthenon zugewandten Seite, tragen, hielten in ihrer Rechten eine Spendeschale. Welchem Gott sie einen Trank darboten, ist ungeklärt. Heute befinden sich Kopien am Tempel, die Originale sind im Akropolis-Museum und im British Museum ausgestellt.

Nach Perikles veränderte sich das Aussehen auf der Akropolis kaum mehr, lediglich neue Weihgeschenke kamen zu den bereits vorhandenen Bauten hinzu. Schon beim Aufstieg zu den Propyläen fällt ein mächtiger Pfeiler auf, auf den der pergamenische Herrscher Eumenes II. 178 v. Chr. ein bronzenes Wagengespann stellte. Agrippa, der Schwiegersohn des römischen Kaisers Augustus und Statthalter in Athen war, ersetzte das Viergespann durch seine eigene Statue. Die hellenistischen Könige stifteten der Stadt außerdem Säulenhallen

Wegzeiten (in Gehminuten) zwischen wichtigen Sehenswürdigkeiten

	Akropolis	Agorá	Archäolog. Nationalmuseum	Lykavittós	Kykladenmuseum	Benaki-Museum	Byzant. Museum	Olympieion	Syntagma	Kerameikos
Akropolis	–	10	60	70	40	40	40	20	30	30
Agorá	10	–	55	70	40	40	40	25	25	25
Archäolog. Nationalmuseum	60	55	–	50	60	60	60	60	40	30
Lykavittós	70	70	50	–	30	30	30	70	30	70
Kykladen-Museum	40	40	60	30	–	10	10	25	20	60
Benaki-Museum	40	40	60	30	10	–	10	25	20	60
Byzant. Museum	40	40	60	35	10	10	–	25	20	60
Olympieion	20	25	60	70	25	25	25	–	15	45
Syntagma	30	25	40	30	20	20	20	15	–	35
Kerameikos	30	25	30	70	60	60	60	45	35	–

und Gymnasien. Erweitert wurde die Akropolis vor allem am Südabhang (Herodes-Atticus-Theater → S. 54, Dionysos-Theater → S. 52). Der letzte Tempel, der auf der Akropolis errichtet wurde, war der kleine Rundbau der Göttin Roma und des Kaisers Augustus (ca. 27 v. Chr.). Doch zu diesem Zeitpunkt hatte Athen als Zentrum der antiken Welt längst ausgedient, und Rom war an seine Stelle gerückt. Die Akropolis wurde zur Pilgerstätte römischer Kopisten, die nach Vorbildern für Skulpturenschmuck suchten. So wurden etwa die Koren des Erechtheions bereits in der Antike kopiert, z. B. für die hadrianische Villa Tivoli bei Rom.

Im 3. Jh. n. Chr. wurde das Römische Reich zunehmend von sogenannten barbarischen Stämmen bedroht. Eilig errichtete man auch in Athen eine Schutzmauer, die nach ihrem Ausgräber **Beulé** benannt wurde. Die Anlage unterhalb der Propyläen ist heute noch zu sehen. Doch all das half nichts: Mit dem Einfall der germanischen Heruler wurde die Stadt 267 verwüstet, wovon sich auch die Akropolis nicht mehr erholte. Erschwerend kam ihr Bedeutungsverlust hinzu. Kaiser Konstantin verlegte den Regierungssitz schließlich von Rom nach Byzantion an den Bosporus, dem späteren Konstantinopel. Spätestens unter Justinian (527–565) war

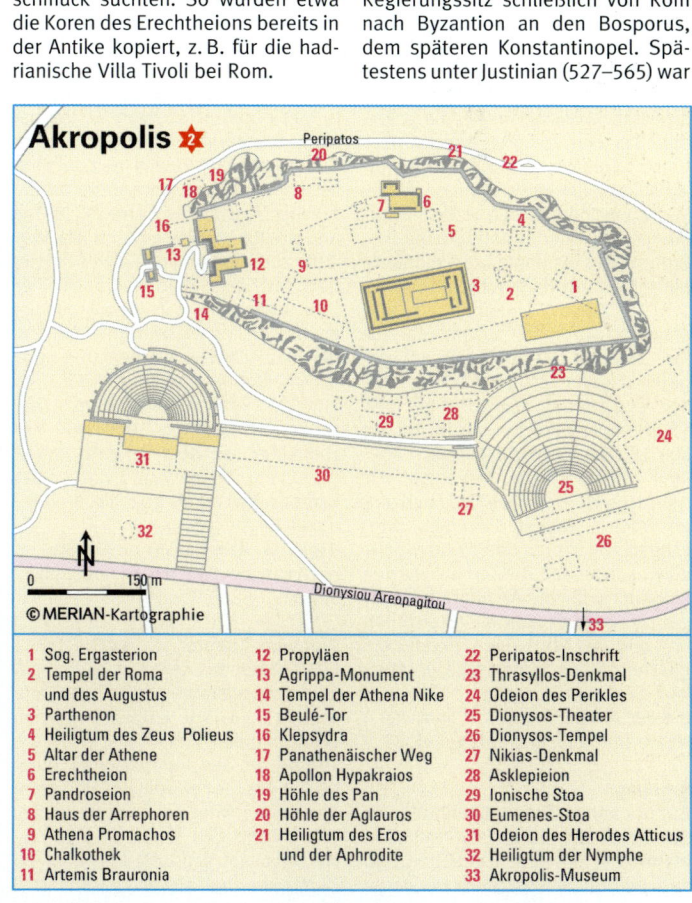

1 Sog. Ergasterion	12 Propyläen	22 Peripatos-Inschrift
2 Tempel der Roma und des Augustus	13 Agrippa-Monument	23 Thrasyllos-Denkmal
	14 Tempel der Athena Nike	24 Odeion des Perikles
3 Parthenon	15 Beulé-Tor	25 Dionysos-Theater
4 Heiligtum des Zeus Polieus	16 Klepsydra	26 Dionysos-Tempel
5 Altar der Athene	17 Panathenäischer Weg	27 Nikias-Denkmal
6 Erechtheion	18 Apollon Hypakraios	28 Asklepieion
7 Pandroseion	19 Höhle des Pan	29 Ionische Stoa
8 Haus der Arrephoren	20 Höhle der Aglauros	30 Eumenes-Stoa
9 Athena Promachos	21 Heiligtum des Eros und der Aphrodite	31 Odeion des Herodes Atticus
10 Chalkothek		32 Heiligtum der Nymphe
11 Artemis Brauronia		33 Akropolis-Museum

jedes heidnische Leben auf der Akropolis erloschen, und die Tempel blieben geschlossen. Die Akropolis fiel in einen Dornröschenschlaf.

Im Laufe der Zeit wurden die alten Tempel in Kirchen verwandelt – und so vor dem gänzlichen Verfall bewahrt. Der im 12. Jh. zum Bischof von Athen ernannte Michael Choniates beklagte den Niedergang der Stadt. Die nachfolgenden Herrscher – Franken, Katalanen, Florentiner und Osmanen – zeigten kein oder nur wenig Interesse an der antiken Vergangenheit. Sie errichteten weiterhin ihre Gotteshäuser – katholische Kirchen und Moscheen – auf dem Felsen.

Am 26. September 1687 verursachte die Bombardierung durch die venezianische Armee, die gegen die Osmanen kämpfte, eine verheerende Explosion des türkischen Pulvervorrats, der im Parthenon lagerte. 300 Menschen fanden in den Trümmern des Gebäudes den Tod. Der Parthenon, der bis dahin noch ein komplettes Bauwerk gewesen war mit Dach, Säulen, Innenräumen und Mauern, wurde mit einem Mal zur Ruine und in der Folge Demontageopfer einer im 18. Jh. erwachten Antikenbegeisterung. Ein Großteil des Skulpturenschmucks wurde Anfang des 19. Jh. von Lord Elgin nach England gebracht. Die Bewohner der Akropolis wurden nach und nach umgesiedelt, Häuser, Kirchen, Moscheen abgerissen und die Akropolis ausgeschlachtet. Die Tempel wurden stilbildend für die Architektur in der ganzen Welt, Kopien des Erreichtheions und des Parthenons findet man gleichermaßen in den USA, in Moskau, Berlin und London.

U-Bahn: Akropolis; tgl. 8–19, im Winter bis ca. 14.30 Uhr; Eintritt 12 €, erm. 6 €

Areopag ····⟩ S. 117, E 9

Auf der kahlen Felskuppe im Westen der Akropolis wurde seit frühester mythischer Zeit Gericht gehalten. Diese Funktion ist sprachlich bis heute überliefert: Noch immer heißt der Oberste Gerichtshof Griechenlands **Areos Pagos.**

Auf der Rückseite des Felsens liegt die so genannte »Furienhöhle«, eine Kultstätte der Eumeniden, der »Wohlmeinenden«, wie man die Rachegöttinnen aus der Unterwelt, die Erinnyen, in Athen nannte. Wer vom Areopag, dem Felsen des Kriegsgottes Ares, freigesprochen wurde, brachte ihnen Opfer, gejagte Mörder und ausgebrochene Sklaven fanden hier Zuflucht. Der Muttermörder Orest wurde, wie es der Dichter Aischylos in seinen »Eumeniden« beschreibt, bis hierher verfolgt und vor Gericht gestellt. Seit der Zeit Solons, d.h. seit Anfang des 6. Jh. v. Chr., tagte hier ein Kontrollorgan für Verfassung, Recht und Ordnung.

Der Apostel Paulus hielt auf dem Felsen seine berühmte Rede an die Athener (Apostelgeschichte 17, 16–34) und stellte die Vielgötterei als Vorstufe zum Glauben an einen einzigen Gott dar. Seine Worte sind auf einer Bronzetafel am Fuß des Areopags eingraviert. An dieser Stelle empfing der Erzbischof von Athen und ganz Griechenland, Christodoulos II., im Jahr 2001 Papst Johannes Paul II. Diese erste Begegnung der zwei Kirchenväter seit dem Schisma wurde als Akt der Versöhnung zwischen der katholischen und griechisch-orthodoxen Kirche gewürdigt.

Gegenüber dem Eingang zur Akropolis; frei zugänglich, Vorsicht: sehr rutschige Stufen!

Dionysos-Theater ····⟩ S. 117, F 10

Das Theater aus dem 4. Jh. v. Chr. gilt als erste vollständig in Stein erbaute Aufführungsstätte antiker Tragödien und Komödien. Zugleich ist es der Ursprungsort des europäischen Theaters. Jedes Jahr wurden im Heiligtum des Gottes Dionysos – der Gott des Weines und des Theaters – Wettbewerbe ausgetragen, die so genannten Dionysien, bei denen jeweils drei

Tragödiendichter miteinander konkurrierten. Aristoteles hat diesen Wettbewerb in seiner Poetik ausführlich beschrieben. Leider sind uns nur die Namen und Stücke von drei Tragödiendichtern (und Gewinnern der Wettbewerbe) erhalten: Aischylos, Sophokles und Euripides, die bereits damals als Klassiker galten. Ursprünglich agierten die (ausschließlich männlichen) Schauspieler auf einem runden Platz aus gestampfter Erde, dem Vorläufer der Orchestra. Die Skene, das Bühnengebäude, bestand aus einer Holzkonstruktion. Rund 70 Jahre dauerte der Bau des steinernen Theaters, dessen Ränge sich in konzentrischen Kreisen den Südhang der Akropolis hinaufzogen. Es bot ca. 15 000 Zuschauern Platz. Unter Kaiser Nero wurde das Theater umgebaut; aus dieser Zeit stammen die noch erhaltenen Reste der Skene und Sitze.

Dionysiou Areopagitou; U-Bahn: Akropolis; Sommer 8–19 Uhr, Winter bis 15 Uhr; Eintritt 2 €, erm. 1 €

Erster Friedhof (Nekrotaphion A')

┄┄> S. 118, B 15

Im Südwesten der Arditou-Straße erstreckt sich der erste Friedhof des modernen Athens. Ein Spaziergang durch das Labyrinth von Mausoleen und Skulpturen führt zum **Grabmal Heinrich Schliemanns** in Form eines antiken Tempelchens. Der Hobbyarchäologe wurde hier 1890 bestattet und hatte sein Grabmal selbst entworfen. Nicht gerade unbescheiden setzt er Szenen seines Lebens in Kontrast zu Episoden aus der Ilias und Odyssee. Auf dem abgetrennten protestantischen Teil des Friedhofs ist das Grab des Archäologen Adolf Furtwängler mit seiner Bronzesphinx hervorzuheben. In jüngerer Zeit wurden hier die Sängerin Melina Mercouri, der ehemalige Premierminister Andreas Papandreou und im Januar 2008 der Erzbischof von Athen und ganz Griechenland, Christodoulos. bestattet.

Anapevsos & Trivonianou; U-Bahn: Akropolis und 20-minütiger Fußweg; geöffnet Mai–Sept. 7.30–20, Okt.–April 8–17 Uhr

Imposante Familiengruften und tempelartige Mausoleen säumen die Wege durch den Ersten Athener Friedhof, letzte Ruhestätte zahlreicher bedeutender Athener Bürger.

Gennadios-Bibliothek ····⟩ S. 115, D 8

Im klassizistischen Stil wurde 1923 dieser schöne Bibliotheksbau aus naxischem Marmor errichtet, der die Gennadios-Sammlung von Griechenlandliteratur umfasst. Heute gehört die Bibliothek zum Amerikanischen Archäologischen Institut. Zu den Innenräumen haben nur Bibliotheksbenutzer Zugang.

Souidias 61; U-Bahn: Evangelismós

Herodes-Atticus-Theater
····⟩ S. 117, E 10

Benannt nach seinem Stifter, diente dieser römische Bau am Südhang der Akropolis als Odeion, d. h. als Konzertsaal (Ode = Gesang). Er war ursprünglich gedeckt und hatte über 5000 Plätze und einst eine 28 m hohe gemauerte Bühnenwand. Herodes Atticus ließ dieses dritte Athener Odeion in Erinnerung an seine 160 n. Chr. verstorbene Frau Regilla errichten. Beim Einfall der Heruler 267 wurde der Bau massiv zerstört. Im Rahmen des Athener Festivals finden hier jeden Sommer Opern- und Ballettaufführungen sowie Konzerte statt (→ Feste und Events, S. 39). Außerhalb der Veranstaltungen kann das Theater nicht besichtigt werden. Übrigens: Den besten Blick auf das Theater hat man von der Akropolis.

D. Areopagitou; U-Bahn: Akropolis

Kapnikaréa ····⟩ S. 113, F 4

Das kleine byzantinische Kirchlein in der Fußgängerzone Ermou verdankt seine Erhaltung den Protesten der Athener Bevölkerung. Denn während der Bayernherrschaft unter König Otto (ab 1834), der sich besonders für die Antike interessierte und ein neoklassizistisches Stadtbild entwarf, wurden zahlreiche byzantinische Kirchen und Klöster abgerissen.

Die Kreuzkuppelkirche stammt aus dem 11. Jh. und wurde im 13. Jh. erweitert. Seit 1931 ist sie im Besitz der Kapodistrias-Universität von Athen. Die Fresken im Inneren wurden in den 1950er-Jahren gemalt. Der Name der Kirche leitet sich von ihrem Stifter, einem Herrn Kapnikaris, ab (Kapnos= Rauch, Feuer; d. h. einer, der die Tabaksteuer eintreibt). Beim Einkaufsbummel zündet so mancher Passant schnell eine Kerze an.

U-Bahn: Monastiraki

Ein kleines Stück byzantinischer Architektur im Herzen der Stadt: die Kapnikaréa.

Hügel mit Aussicht: Lykavittós (→ S. 56), mit 277 Metern die höchste Erhebung Athens.

Kerameikos ····≥ S. 113, D 4

Am Nordwestrand der antiken Stadt erstreckte sich die bedeutendste Nekropole der Stadt, dies- und jenseits der Mauer des Themistokles. Über 1000 Jahre diente das Areal als Grabstätte für die Athener Bürger – unter ihnen Perikles und Kleisthenes –, bis es nach der Plünderung der Stadt durch Sulla 86 v. Chr. aufgegeben wurde. Das Deutsche Archäologische Institut hat bisher nur einen Teil des Geländes ausgegraben, doch werden immer wieder sensationelle Funde gemacht: 2002 wurden sogar ein archaischer Kouros, das Gesicht einer Sphinx und ein prachtvoller Löwe gefunden. Zwei große Stadttore konnten in der Nähe ausgemacht werden: Durch das massive **Dipylon-Tor** verliefen die Prozessionen über die Agora hinauf zur Akropolis; heute erinnert eine Ruine daran. Durch das **Heilige Tor** wiederum gelangte man auf die Heilige Straße in Richtung Eleusis. Der Name Kerameikos leitet sich wohl von den Töpfer-Werkstätten ab, die sich hier niedergelassen hatten. Keramos war der Schutzgott der Töpfer. Viele schöne Grabmale und Grabstelen, deren Originale teilweise im Nationalmuseum aufgestellt sind, schmücken das zypressengesäumte, friedliche Gelände, durch das das am Likavittós entspringende Bächlein Eridanós fließt. An der Gräberstraße lagen die Begräbnisplätze der reichen Athener Familien. Die Grabkunst erreichte ihren Höhepunkt im 4. Jh. v. Chr. Besonders imposant sind der kraftvolle Stier und das Reiterrelief des Dexileos, eines jungen Soldaten, der 394/93 in einer Schlacht gegen die Korinther fiel.

Ermou 148; U-Bahn: Thissio;
Sommer 8.30–19, Winter bis 15 Uhr;
Eintritt 2 €, erm. 1 €

Kleine Mitropolis ····≥ S. 118, A 13

Das byzantinische Kirchlein aus dem 12. Jh. steht nur scheinbar im Schatten der großen Kathedrale, entpuppt es sich doch bei näherer Betrachtung als echtes Schmuckstück. Das wird bereits am Äußeren erkennbar: antike Bauelemente und fränkische Wappen wurden zwischen die Ziegelsteinen eingearbeitet. Unter dem Dach verläuft ein hübscher Fries aus dem 4. Jh. v. Chr., der Reste des alten attischen Festkalenders zeigt. Die Fresken im Kircheninneren sind leider

Die Mitropolis-Kathedrale ist Sitz des Erzbischofs von Athen und ganz Griechenland.

stark zerstört. Die Kirche ist der Panagia Gorgoepikoos, der schnellerhörenden Gottesmutter, und dem Heiligen Eleftherios, der für eine problemlose Geburt sorgt, geweiht. Vor dem Bau ihrer großen Schwester diente sie als Bischofssitz.

U-Bahn: Syntagma; unregelmäßige Öffnungszeiten

Lykavittós 🚹🚺 ····⟩ S. 114, D 7

Vom 277 m hohen Lykavittós-Hügel hat man den besten Rundblick auf das Athener Häusermeer und den Saronischen Golf. Romantiker treffen sich hier zum Sonnenuntergang. Die Sage erzählt, die Schutzgöttin Athena habe beim Bau ihrer Stadt einen gewaltigen Kalksteinblock an dieser Stelle fallen lassen. Am Gipfel, zu dem bequem eine Bergbahn, eine Straße oder – am schönsten – kleine Wanderwege durch harzige Kiefern-

und Zypressenwälder führen, steht die schneeweiße Agios-Georgios-Kirche mit traditionellen neobyzantinischen Malereien. Das nahe gelegene Restaurant mit angeschlossenem Café ist leider sehr teuer, preiswerter bei nicht weniger spektakulärem Ausblick ist das nahe dem Fußweg gelegene Prasini Tenta. Am Namenstag des Hl. Georg, am 23. April, führt eine stimmungsvolle Prozession zur Kirche hinauf. An der Nordostseite des Hügels befindet sich ein Freilufttheater, zu dem im Sommer zahlreiche Musik- und Theaterliebhaber strömen. Ein Tipp: Auf den oberen Rängen hat man das Stadtpanorama als natürliche spektakuläre Kulisse.

Bergbahn tgl. 8.45–0.15 Uhr, Do ab 10.30 Uhr. Die Talstation befindet sich an der Ecke Plutarchou/Aristippou im Kolonáki-Viertel. Hin- und Rückfahrt 4 €

Mitropolis ····⟩ S. 118, A 13
Der neobyzantinische Riesenbau aus dem 19. Jh. ist Sitz des Erzbischofs von Athen und ganz Griechenland (der Patriarch der griechisch-orthodoxen Kirche residiert in Istanbul), der sich stets gern in politische Debatten einmischt. Augenfälligster Beweis für die nach wie vor enge Verflechtung von Staat und Kirche sind die Nationalflaggen, die nicht nur von Ministerien, sondern ebenso selbstverständlich von Kirchen und Klöstern wehen. Wichtige Feiertage wie Ostern, aber auch Nationalfeiertage werden hier mit großem Aufwand begangen. Die Karfreitagsprozession nimmt von hier ihren Ausgang; ebenso der letzte Weg von Staatsmännern und Ehrenbürgern.
U-Bahn: Syntagma

Monastiraki ····⟩ S. 113, F 4
Der Name des lebhaften Platzes bedeutet »kleines Kloster« und bezieht sich auf die Kirche Panagia Pandanassa, die »allein herrschende Maria«. Hier befand sich seit osmanischer Zeit der Bazar, und noch heute kann man, besonders während des Flohmarkts am Sonntag, orientalisches Flair spüren. Seit der Fertigstellung der neuen U-Bahn-Station ist der Blick frei auf die anderen Sehenswürdigkeiten am Platz: Die Tsisdarakis-Moschee beherbergt das Museum für Volkskunst, das u. a. schöne Keramiken zeigt. Rechter Hand steht noch ein Teil der ehemaligen Hadriansbibliothek, die zu einer von Kaiser Hadrian nach 132 n. Chr. ins Leben gerufenen Akademie gehörte. Sie umfasste einen Hof mit 100 Säulen, in dessen Mitte ein Wasserbecken lag. Später wurde der Komplex in eine dreischiffige christliche Kirche umgewandelt.
U-Bahn: Monastiraki

Nationalgarten 🏃🏃 ····⟩ S. 118, B 13
Der heute so vertraute Anblick tropischer Pflanzen im Mittelmeerraum lässt die Mühe, die die Anpflanzung seltener, von Königin Amalia eigenhändig bestimmter Gewächse kostete, kaum mehr erahnen. Ein Leben lang arbeitete der als Soldat im bayerischen Militär in Griechenland dienende Friedrich Schmitt an diesem romantischen englischen Garten. Die Anlage des mit der Grundsteinlegung des Königlichen Schlosses einhergehenden Gartens verschlang nicht nur immens hohe Summen, sondern verbrauchte auch riesige Wassermengen, was das Volk in trockenen Monaten der Königin besonders ankreidete. Unwetter, Blitzeinschläge, Stürme machten dem Garten immer wieder zu schaffen. Heute ist der Park trotz aller Bemühungen eine wachsende Wildnis, und Amalia würde ihren heiß geliebten Garten wohl nicht wiedererkennen! Bei Joggern, Müttern mit Kindern und Ruhesuchenden ist die grüne Lunge der Stadt dennoch gleichermaßen beliebt. Das Café »O Kipos« auf der Seite der Herodes-Attikus-Straße ist ein angenehmer Treffpunkt.
U-Bahn: Syntagma

Nikodemos-Kirche ····⟩ S. 118, A 13
Über einer römischen Badeanlage, die aus der Zeit Kaiser Hadrians stammt, wurde diese Kirche im Jahr 1044 erbaut. Die Restaurierung der Fresken übernahm der deutsche Maler F. Thiersch. Seit der russische Zar die Kirche im Jahr 1847 erwarb, dient sie den russisch-orthodoxen Gemeinde Athens als Gotteshaus.
Amalias/Filellinon; U-Bahn: Syntagma

Olympieion ····⟩ S. 118, A 14
Die 15 noch verbliebenen Säulen zeugen von einst größten Tempel Griechenlands. 104 korinthische Säulen mit einem Durchmesser von 1,7 m zierten ursprünglich den Tempel des Olympischen Zeus. Die Fundamente eines dorischen Tempels aus dem 6. Jh. v. Chr. deuten auf einen frühen Kult hin. Der Tyrann Peisistratos begann mit dem Bau des Tempels, doch

700 Jahre vergingen, bis er schließlich unter Kaiser Hadrian im Jahr 131 n. Chr. fertig gestellt war – ein Tempel wahrhaft kaiserlichen Ausmaßes, wie er im Rom der Kaiserzeit üblich war. Der römische Geschichtsschreiber Livius berichtet, der Tempel sei als einziger Zeus-Tempel der Größe des Gottes entsprechend angelegt worden. Im Inneren thronte die riesige Statue des Zeus aus Gold und Elfenbein. Die weitere Geschichte des Tempels liegt weitgehend im Dunkeln, es ist die Geschichte einer fortdauernden Zerstörung durch einfallende Truppen. Der türkische Gouverneur Tsisdarakis ließ 1759 eine der Säulen sprengen, um Kalk für die Errichtung der nach ihm benannten Moschee auf dem Monastiraki-Platz zu gewinnen.

Der große Bogen auf der Seite des Amalias-Boulevards wurde von den Athenern zu Ehren Kaiser Hadrians errichtet. Auf der der Akropolis zugewandten Seite steht geschrieben »dies ist das alte Athen, die Stadt des Theseus«, auf der Seite des Olympieions »dies ist die Stadt des Hadrian und nicht mehr die des Theseus«. Der Bogen bezeichnete also die Grenze zwischen dem alten Stadtteil und der römischen Neustadt.

In jüngerer Zeit war der Tempel Schauplatz zahlreicher Happenings: Der griechische Musiker Vangelis trat hier auf, und die NASA führte hier mehrere Mars-Experimente durch.

Vas. Olgas & Amalias; U-Bahn: Syntagma; Sommer 8.30–19, Winter bis 15 Uhr; Eintritt 2 €, erm. 1 €

Panepistimíou-Straße (auch: El. Venizelos-Straße)
····▷ S. 114, A 7-8

Die Straße stellt mit ihrer Parallele Stadiou die wichtigste Achse des modernen, unter König Otto entworfenen Athens dar und schafft die Verbindung zwischen den Plätzen Omónia

Einst der größte Tempel Griechenlands, heute nur noch eine Ruine: der Tempel des Olympischen Zeus, das sogenannte Olympieion.

Der Fries in der Vorhalle der Athener Universität an der Panepistimiou-Straße stellt König Otto als Förderer der Künste und Wissenschaften dar.

und Syntagma. In ihrer Mitte erhebt sich die klassizistische Trilogie der dänischen Architektenbrüder Theophil und Christian Hansen. Sie stellt das geistige Zentrum Athens dar: das im korinthischen Stil erbaute Verwaltungsgebäude der heute größten griechischen **Universität**. Sie ist eine Gründung König Ottos, zu dessen Gefolgschaft auch zahlreiche Münchner Universitätsgelehrte gehörten. Neben Archäologie, Philosophie und Medizin wurde die Jurisprudenz zur wichtigsten Wissenschaft. Rechter Hand wird die im ionischen Stil errichtete **Akademie** von zwei riesigen Säulen eingerahmt, auf denen Athena als Stadtpatronin und Apoll als Beschützer der Künste thronen. Die **Nationalbibliothek** linker Hand im Stil eines dorischen Tempels mit einem Bestand von drei Millionen Bänden ist das jüngste der drei Gebäude (1902); sie verfügt über einen schönen, öffentlich zugänglichen Lesesaal. Läuft man auf der Straße weiter

Richtung Syntagma, so trifft man zunächst auf die von Klenze entworfene römisch-katholische **Kathedrale** und stößt schließlich an der Ecke Amerikis auf das ehemalige Athener Privathaus des Archäologen Heinrich Schliemann, das »**Iliou Melathron**« (→ S. 73, Numismatisches Museum).

Polytechnion ····⟩ S. 114, A 6
Das klassizistische Gebäude, das eine Schule der Schönen Künste sowie mehrere technische Fakultäten beherbergt, ist seit den Ereignissen vom November 1973 politisches Mahnmal: Damals besetzten Studenten das Gebäude und demonstrierten damit gegen die Militärjunta unter Papadopoulos. Das friedlich begonnene Sit-in endete blutig mit dem Einrollen von Panzern, wobei zahlreiche Demonstranten den Tod fanden. Jedes Jahr, am 17. November, wird der Toten mit Reden und Kranzniederlegungen gedacht.
Patission 42; U-Bahn: Victoria

Muslimische Grabsteine an der Fethiye-Moschee auf der Römischen Agorá.

Römische Agorá ····⟩ S. 117, F 9

In der Zeit des Kaisers Augustus legten die Römer eine weitere Marktstätte, zusätzlich zur bereits bestehenden griechischen Agorá, an. Das monumentale **Eingangstor** mit dorischen Säulen war Athene Archegetes, der Anführerin, gewidmet, wie eine verwitterte Inschrift auf dem Architrav mitteilt.

Hinter den Arkaden an der östlichen Seite erhebt sich der gut erhaltene **Turm der Winde** des syrischen Architekten Andronikos von Kyrrhos aus der Mitte des 1. Jh. v. Chr. Mit seinen Sonnenuhren an den Außenwänden und einer Wasseruhr im Inneren bestimmte er den Tages- und Jahresrhythmus der Athener Bürger. Am oberen Fries des achteckigen Turms sind auf der jeweiligen Himmelsseite die acht Winde in Form personifizierter Flügelwesen dargestellt. *Boreas*, der eisige Nordwind, *Kaikias* aus dem Nordosten, *Apeliotes*, der warme Ostwind, der wolkenreiche *Euros* aus dem Südosten, der feuchte und wilde *Notos* aus dem Süden, der heiße, aus Afrika herbeistürmende *Lips*, ein Südwestwind, den man in Italien Scirocco nennt, *Zephyros* aus dem Westen, der milde Frühlingslüfte schenkt, und der trockene *Skiron* aus dem Nordwesten.

Vom bronzenen Triton, den der römische Schriftsteller Vitruv beschreibt, ist nichts übrig geblieben; dieser drehte sich auf der Spitze des Turmes und zeigte mit einem Stab auf die Seite, aus der der jeweilige Wind blies. Lange Zeit hielt man den Turm für die Grabstätte des Sokrates. Während der Osmanenzeit nutzten die Tanzenden Derwische den Turm für ihre spirituellen Übungen.

Rechts neben dem Eingang zum Ausgrabungsgelände sieht man die Reste einer riesigen öffentlichen **Gemeinschaftslatrine**, die aus dem 1. Jh. n. Chr. stammt und bis zu 70 Männern gleichzeitig Platz bot.

Der reich verzierte **Torbogen** gegenüber dem Turm der Winde, außerhalb des eingezäunten Grabungsgeländes, führte in osmanischer Zeit in eine Koranschule, von der aber nichts mehr erhalten ist. Gut erhalten ist hingegen die **Siegermoschee** (Fethiye Djami), die man in der frühen Türkenzeit, d. h. im 15. Jh., zu Ehren Mohammeds des Eroberers erbaute. Ihren relativ guten Erhaltungszustand verdankt sie ständiger Nutzung: Im 19. Jh. diente sie abwechselnd als Gefängnis, als Getreidedepot und als Militärbäckerei. Heute ist sie Depot – für archäologische Fundstücke – und nicht öffentlich zugänglich.

Aiolou/Pelopída; U-Bahn: Monastiráki;
Di–So 8.30–15, im Sommer bis 19 Uhr;
Eintritt 2 €, erm. 1 €

FÜR EINE GÖTTLICHE ZEIT.

Stadion (Kalimarmaro-Stadion) ⋯⟫ S. 118, C 14

Das 1896 anlässlich der ersten Olympischen Spiele der Neuzeit ganz aus pentelischem Marmor errichtete panathenäische Stadion steht auf antiken Resten. Tatsächlich ließ der Politiker Lykurg bereits um 330 v. Chr. das erste Stadion errichten. Alle vier Jahre fanden damals zu Ehren der Stadtpatronin Athena Wettkämpfe statt. Eine umfassende Erneuerung erfuhr das Stadion unter den Römern durch den reichen Bürger Herodes Atticus. Danach wurden auch Gladiatorenkämpfe und Tierhatzen dort veranstaltet. Im Juli 2004 feierten die Griechen hier frenetisch ihren Sieg als Europameister im Fußball – und vor allem ihren Trainer Otto Rehagel. Bei den 28. Olympischen Sommerspielen endete hier der Marathonlauf, der der historischen Route folgte.

U-Bahn: Syntagma und Fußweg durch den Nationalgarten

Syntagma ⋯⟫ S. 118, B 13

Der viereckige Platz stellt den architektonischen Mittelpunkt des modernen Athens dar und ist gleichzeitig politisches Zentrum Griechenlands. Politische Massenkundgebungen und Demonstrationen ziehen gewöhnlich bis zum Syntagma-Platz. Sein Name (griech. Syntagma = Verfassung) erinnert an die Einführung der konstitutionellen Monarchie, die hier 1844 ausgerufen wurde. Heute haben sich viele Fluggesellschaften, Reisebüros und Banken am Platz niedergelassen. Er wird an der Nordseite vom alten Königlichen Schloss beherrscht, das Friedrich Gärtner, ein Klenze-Schüler, nach den Entwürfen seines Lehrers errichtete. Der erste König des modernen Griechenlands Otto und seine Frau Amalia waren die ersten Bewohner des architektonisch eher schlichten Gebäudes. Auch König Georg I. (1863–1913), ein gebürtiger dänischer Prinz, residierte darin. Als später ein

U-Bahn-Station Syntagma: Funde der Bauarbeiten sind an Ort und Stelle ausgestellt.

Die Wachablösung am Denkmal des Unbekannten Soldaten am Syntagma.

neues Schloss gebaut wurde, wurde das alte anderen Zwecken zugeführt: In den 1920er-Jahren diente es als Unterschlupf für die Flüchtlinge aus Kleinasien. In den 1930er-Jahren zog das griechische Parlament ein, das seither hier tagt – mit Unterbrechungen während der deutschen Besatzung und der Junta von 1967 bis 1974. Vor dem Gebäude befindet sich das **Denkmal des Unbekannten Soldaten**, bewacht von den Evzonen, den Schöngegürteten, in der traditionellen Tracht aus der Zeit König Ottos. Auf den Tafeln hinter ihnen sind die Siege, die das moderne Griechenland seit 1821 errang, verzeichnet.

Ein Tipp: **Die Wachablösung** sonntags um 11 Uhr sollte man sich nicht entgehen lassen! Für die jungen Wachsoldaten ist es eine besondere Ehre, während ihrer Militärzeit diesen Dienst zu verrichten.

Links befindet sich das Traditionshotel **Grande Bretagne** (→ S. 13), dessen Gästebuch viele berühmte Besucher verzeichnet: Richard Strauss, André Malraux, Henry Miller, der das Hotel in seinem Roman »Der Koloss von Maroussi« beschreibt.
U-Bahn: Syntagma

Zappion   ····⇥ S. 118, B 13
Unmittelbar südlich an den Nationalgarten grenzt das Ausstellungsgebäude Zappion, das nach seinem Stifter Zappas, einem der Freiheitskämpfer des modernen Griechenlands, benannt wurde. Der im Grundriss an ein Theater erinnernde Komplex wurde von Theophil von Hansen und dem Sachsen Ziller in den Jahren 1874 bis 1888 errichtet und war Schauplatz zahlreicher wichtiger Ereignisse der neueren griechischen Geschichte, u.a. wurde hier der Beitritt Griechenlands zur EU unterzeichnet. Elegant ist der kreisrunde offene Innenhof mit seinen ionischen Säulen und Verzierungen im pompejanischen Stil.
U-Bahn: Syntagma und Fußweg durch den Nationalgarten

Museen und Galerien

Von der Antike zur Moderne – Athens Museen führen durch 5000 Jahre Kunst- und Kulturgeschichte.

Den Schwerpunkt der Sammlung im Byzantinischen Museum (→ S. 70) bilden
Ikonen aus dem 14. bis 18. Jahrhundert. Qualitätvolle neue Ikonen können
interessierte Besucher im Museumsladen erwerben.

Die Zeiten, als Athens Kunstschätze in staubigen Vitrinen hoffnungslos veralteter Museen präsentiert wurden, sind endgültig vorbei. Inzwischen werden sogar U-Bahn-Stationen und der Flughafen als moderne Ausstellungsfläche genutzt! Wer am Athener Flughafen ankommt, kann sich ein kleines, aber eindrucksvolles archäologisches Museum ansehen. Es zeigt Grabungsfunde aus der Umgebung des Flughafens vom Neolithikum bis zur byzantinischen Epoche. Das Museum ist täglich von 6 bis 24 Uhr geöffnet, der Eintritt ist frei. Die Museumsmeile Athens erstreckt sich auf dem Vasilisis Sofias-Boulevard vom Benaki-Museum bis zur Pinakothek und deckt 5000 Jahre Geschichte ab. Eine Übersicht über Sonderausstellungen wird wöchentlich in der **Griechenland-Zeitung** (→ S. 110) abgedruckt.

Agorá-Museum ⋯⋯> S. 117, E 9

In der rekonstruierten Attalos-Stoa sind die Funde der Agorá präsentiert: Die ältesten sind Grabbeigaben aus der mykenischen und geometrischen Epoche, die aus der Zeit stammen, als die Agorá noch als Friedhof genutzt wurde. Die folgenden Funde zeugen von der politischen und wirtschaftlichen Bedeutung des Ortes. Scherben (»óstraka«) mit den Namen der zu Verbannenden sind stumme Zeugen des Ostrakismos, des Scherbengerichts. Im 5. Jh. v. Chr. wurde jeden Winter die Volksversammlung befragt, ob ein Scherbengericht stattfinden sollte oder nicht. Damit sollte eine Tyrannenherrschaft vermieden werden. Viele berühmte Politiker wie Kimon, Themistokles und Demosthenes wurden auf diese Weise in die Verbannung geschickt. Doch keine griechische Regel ohne Ausnahmen – so manch einer wurde vor Ablauf der üblichen zehn Jahre zurückgeholt! Gegenstände des alltäglichen Lebens wie ein Kindertopf aus dem 7. Jh. v. Chr., Auslosungsgeräte, mit denen man die Geschworenen für die Gerichtsverhandlungen bestimmte, Spielwürfel, Tonmodelle von Schuhen, Kochgeschirr und Kinderspielzeug führen den Besucher in den Alltag der Antike. Ein Tonbecher, aus dem Wasser in ein zweites Gefäß floss, diente als Zeitmesser der Redner bei Gericht: Klepsydra, Wasserdieb, nannte man die Konstruktion. Handelsware wurde in schwarz- und rotfiguriger attischer Keramik transportiert. Im Säulenhof der Stoa sind einige Marmorskulpturen, römische Kaiserportraits und schöne griechische Frauenbüsten, ausgestellt.

Adrianou 24; U-Bahn: Monastiraki; 8–19, im Winter bis ca. 15 Uhr; Eintritt 12 €, erm. 6 €

Akropolis-Museum ⋯⋯> S. 117, F 10

Bei Redaktionsschluss war das Museum noch nicht eröffnet. Die Verfasserin bedauert, in der Folge keine Angaben über die Aufstellung der ausgestellten Objekte geben zu können. Der Besuch des Akropolis bliebe ohne dieses Museum unvollständig, gehören die Bestände doch zu den bedeutendsten Sehenswürdigkeiten Athens. Waren diese bis vor kurzem noch in einem unterirdisch gebauten Bau auf der Akropolis selbst ausgestellt, so verließen sie den Heiligen Felsen im Herbst 2007 zum ersten Mal nach 25 Jahrhunderten: Es wurde der spektakulärste und teuerste Umzug, den Athen je erlebt hatte: 246 Ausstellungsstücke aus dem alten Museum und etwa 4000 kleinere Objekte aus dessen Lagerräumen wurden inventarisiert, kategorisiert und aufrecht in blaue Metallboxen verpackt. Drei 50-Meter-Kräne, die zwischen dem Parthenon und dem neuen Museum aufgestellt waren, hievten die unersetzbaren, bis zu 2,5 Tonnen schweren Stücke in ihr 400 m entferntes neues Heim. Sechs Wochen lang hielten Archäologen und Ingenieure den Atem an, als die Container über dem Dionysos-Theater schwebten.

Die Koren des Erechtheions sind im Akropolis-Museum im Original zu sehen.

Der Bau des neuen Museums hat auch eine kulturpolitische Debatte ausgelöst, denn Griechenland verbindet mit dem neuen Museumsbau auch die Hoffnung auf Rückgabe der sog. Elgin-Marbles, der Parthenon-Skulpturen, die sich im British Museum in London befinden. Der Louvre und die Universität Heidelberg haben bereits den Anfang gemacht und griechische Werke zurückgegeben. Das British Museum beharrt bislang hartnäckig auf »seinen« Schätzen, auch wenn das Thema mittlerweile diplomatische Kreise zieht. So ist denn gleich ein leerer Raum als Mahnmal eingeplant, sollte sich London weigern, die Skulpturen zurückzugeben.

Die Sammlung enthält vor allem Skulpturen aus den verschiedenen Bauepochen der Akropolis. Dazu gehören die weltberühmten Fragmente aus dem sog. »**Perserschutt**«, d. h. Funde aus den vorklassischen Bauten, die 480/79 v. Chr. den Persern zum Opfer fielen. Ihren guten Erhaltungszustand verdanken sie den im Anschluss an die Perserkriege durchgeführten Aufräumarbeiten, wobei die Athener die Trümmer der zerstörten Burg nicht durch Wegräumen entweihten, sondern an Ort und Stelle begruben. Die Giebelfigur der Löwin, der Gorgokopf als Schmuck des Giebeldreiecks vom archaischen Tempel und die Giebelskulpturen vom frühen Parthenon sind in die erste Hälfte des 6. Jh. v. Chr. zu datieren. In dieser Zeit wurde noch kein Marmor, sondern Kalktuff verwendet. Besonders wertvoll sind die Reste der farbigen Bemalung, die unsere klassische Vorstellung eines schneeweißen Tempels korrigieren. Das berühmteste und bedeutendste Bildnis aus hocharchaischer Zeit ist der **Kalbsträger** aus hymettischem Marmor. Das Motiv eines Mannes mit einem Opfertier ist alt, man kennt es schon aus der Bronzezeit, neu ist allerdings die Größe. Der Mensch, der noch keine individuellen Züge trägt, steigt in den Rang der Großplastik auf. Der **Kalbsträger** machte Schule: Später stellte man so den Götterboten Hermes als Beschützer der Herden dar, und die frühen Christen übernahmen diese Form und schufen den

»guten Hirten«. Das Museum birgt auch das erste Reiterstandbild der europäischen Kunst (ca. 560 v. Chr.), den sog. **Rampin-Reiter**, dessen Original-Kopf im Louvre ist. Anmutige Koren (=Mädchen), etwa die **Peplos-Kore**, die nach ihrem Gewand – Peplos – benannt ist, sind attische Werke, entstanden um 540 v. Chr. aus parischem Marmor. Vier Statuen der Athene, Zeus und Athena von der Giebelmitte und die seitlich angebrachten liegenden Giganten stammen ebenfalls aus archaischer Zeit. Der Kampf der Götter gegen die Giganten, in denen sich Vorstellungen einer vorzeitlichen Naturreligion spiegeln, ist ein seit Homer behandeltes Thema. Der **Kritios-Knabe** aus parischem Marmor ist eine frühklassische Schöpfung (ca. 480 v. Chr.), die dem Bildhauer Kritios zugeschrieben wird. Ähnlich wie der sog. **Blonde Kopf** (gelbe Farbreste waren für die Namensgebung ausschlaggebend) hat sich das archaische Lächeln verloren, der Ausdruck ist ernst und selbstbewusst. Ein sehr schönes Relief zeigt eine nachdenkliche Athena – auch die Darstellung der Götter hat sich verändert. Auf den **Metopen des Parthenons** begegnet dem Betrachter z. B. der Kampf zwischen Lapithen und Kentauren. Die 92 Metopen des Parthenons zählen zur griechischen Hochklassik und sind zwischen 447 und 438 v. Chr. gearbeitet worden. Dargestellt sind Götter und Halbgötter. Schließlich sind noch die in Athen verbliebenen Teile des schon in der Antike berühmten **Frieses vom Parthenon** zu bewundern, der sich einst an der Außenwand der Cella über eine Länge von fast 160 m hinzog. Er stellt den panathenäischen Festzug dar, der zu Ehren der Göttin Athena alle vier Jahre hinauf zur Akropolis führte. Die Künstler des Frieses, darunter Phidias, haben über 300 Menschen und 200 Tiere geschaffen. Auf der Ostseite erwarteten die Götter den Festzug. Die sandalenlösende

Nike beeindruckt durch ihr prachtvolles Faltengewand, das ihren Körper mehr betont, als dass es ihn verhüllt. Die vier in Athen verbliebenen Gebälkträgerinnen vom Erechtheion (eine wird in London aufbewahrt), die sog. **Karyatiden**, gehören zu den Höhepunkten des Museums.

Dionysios Aeropagitou; U-Bahn: Akropolis; im Sommer 8–19, im Winter 8–14.30 Uhr; im Winter So freier Eintritt

Archäologisches Nationalmuseum
····> S. 114, A 6

Das Archäologische Nationalmuseum ist eines der berühmtesten Museen der Welt und besitzt die kostbarsten Sammlungen an Skulpturen und Keramik des archaischen, klassischen und hellenistischen Griechenland. Mit Ausnahme von Delphi, Olympia und Kreta, wo die meisten Funde an Ort und Stelle blieben, sind hier alle wesentlichen Grabungsfunde des antiken Griechenland vereint. Nachdem London, Paris und Berlin bereits prachtvolle Sammlungen griechischer Kunst besaßen, war es das Ziel des jungen Staates und seiner Bürger, selbst ein großes Museum zu errichten. Tatsächlich ist das Museum zu guten Teilen mithilfe privater Spenden entstanden. Das Gebäude wurde von dem Architekten Ernst Ziller 1889 im neogriechischen Stil fertiggestellt und aus Platzgründen, und zuletzt wegen Erdbebenschäden, immer wieder erweitert und erneuert.

Die Sammlungen sind nicht durchgehend chronologisch, sondern vor allem nach Fundorten geordnet und umfassen prähistorische Funde, mykenische Kunst und die Kunst der Kykladen, ferner archaische Skulptur und Keramik, Kunst der frühen und hohen Klassik, der Spätklassik, des Hellenismus und der Römerzeit.

Es empfiehlt sich, zunächst geradeaus vom Eingang die Räume 3–6 zu betrachten: Einzigartig ist der von Heinrich Schliemann ab 1876 auf dem Peloponnes ausgegrabene sog.

Goldschatz der **Königsgräber von Mykene**, der Masken, Becher, Schmuck, Kränze und Schwerter des 2. Jahrtausends v. Chr. umfasst. Unter den drei goldenen **Totenmasken** befindet sich eine, die Schliemann als die des mykenischen Königs Agamemnon interpretierte (ca. 1550 v. Chr.). Bewundernswert sind die verschiedenartigen und ausgefeilten Techniken der mykenischen Handwerker, besonders die Metall- und Elfenbeinarbeiten, z. B. ein **Rhyton** (Trinkgefäß) in Form eines Stierkopfs aus Silber mit Bronze- und Goldbeschlägen und die Schwerter mit Einlegearbeiten. Die **Wandmalereien aus Tiryns** (14.–13. Jh. v. Chr.) weisen deutlich den Einfluss der minoischen Kultur auf.

Zurück im Eingangsvestibül beginnt in Saal 7 die lange Zimmerflucht der Skulpturen (7–33). Die großartige Sammlung von Kouroi (=Jünglinge) erlaubt dem Betrachter, die stilistische Entwicklung der archaischen Plastik zu verfolgen. Herausragend sind in Saal 8 der kolossale **Kouros von Sounion** (ca. 600 v. Chr) und der Kouroskopf vom Dipylon. Die Figuren werden im Lauf der Zeit beweglicher, ein Lächeln ersetzt harte Gesichtszüge. Fragmente der **Giebelskulpturen des Aphaia-Tempels** von Ägina sind, soweit sie sich nicht in der Münchner Glyptothek befinden, ebenfalls ausgestellt (Saal 14). Ein Meisterwerk griechischer Bildhauerarbeit ist das Marmorrelief eines sich bekränzenden Athleten aus Sounion. Noch immer ist nicht geklärt, ob die 2 m hohe **Bronzestatue** (Saal 15) den Meeresgott Poseidon oder den blitzschleudernden Zeus darstellt (ca. 450 v. Chr.). Die Skulptur wurde 1928 in einem Schiffswrack bei Euböa gefunden. Sie ist eine der wenigen noch erhaltenen Bronzestatuen. Aus demselben Wrack stammt der kleine **Jockey von Artemision** (2. Jh. v. Chr.). Reiter und Pferd wurden getrennt gegossen (Saal 21). Die Muskeln des Pferdes sind meisterhaft wiedergegeben. Es ist Glück im Unglück, dass in der Antike so viele Schiffsladungen mit Bronzen

Ein Meisterwerk hellenistischer Bildhauerkunst ist der »Jockey von Artemision«. Vortrefflich wurde die Bewegung von Pferd und Reiter in einer Momentaufnahme festgehalten.

untergegangen sind, denn dies bewahrte sie vor dem Einschmelzen. So blieb auch der 2 m große Ephebe von Antikythera (340 v. Chr.) erhalten. Einmalig ist die großartige Sammlung attischer **Weihreliefs, Grabstelen** und **Grabvasen** aus Marmor. Eine der berühmtesten Stelen ist die der Hegeso (5. Jh. v. Chr.) vom Kerameikos. Es zeigt die sitzende Hegeso, wie sie ein Schmuckstück aus einem Kästchen nimmt, das ihr eine Sklavin reicht. Das Ölgefäss aus weißem Marmor (Lekythos) wurde 1873 auf dem Syntagma-Platz gefunden und stellt den Götterboten Hermes dar, wie er die junge Myrrhine an der Hand führt und sie dem Gott der Unterwelt Pluto übergeben wird. Im Saal 31 beginnt die römische Perio-de: beeindruckend sind die vielen Büsten – sie zeigen, dass die Römer ein Gespür für die realistische Wiedergabe hatten.

Zurück im Eingangsfoyer kann man nun eine Pause im Café im Untergeschoss einlegen. Im offenen Atrium sind die aus einem Schiffswrack bei Antikythera geborgenen Marmorstatuen ausgestellt. Auf der anderen Seite des Atriums führt eine Treppe in Saal 17, den man durchläuft, um von Saal 16 in die in Saal 39 beginnende **Bronzesammlung** zu gelangen. Sie gibt einen guten Einblick in den antiken Alltag. Am Ende gelangt man über das Treppenhaus in den ersten Stock. Rechts beginnt in Raum 49 die Vasensammlung, die weitestgehend chronologisch geordnet ist. Die in Fragmenten erhaltenen **Wandmalereien aus Santorin** (Raum 48) sind die frühesten Zeugnisse von Monumentalmalerei und zeigen minoischen Einfluss. Die Kykladeninsel wurde 1500 v. Chr. von einem Vulkanausbruch erschüttert, der mit einem Schlag die Kultur auslöschte.

Patission 44; U-Bahn: Victoria; im Sommer Mo 12.30–19, Di–So 8–19 Uhr, im Winter (Mitte Okt.–Mitte März) Mo 10.30–17, Di–So 8.30–15 Uhr; Eintritt 7 €, erm. 3 €

Benaki-Museum ····⟫ S. 114, C 8

Wie so viele Museen der Stadt verdankt das Benaki-Museum seine Existenz der Sammelleidenschaft eines reichen Athener Bürgers. Antonis Benakis begann mit dem Aufbau seiner Sammlungen in Alexandria und ließ sich 1926 endgültig in Athen nieder. Durch Schenkungen privater Sammler konnte das Museum seine Bestände (Kunstobjekte verschiedenster Kulturen und Epochen: ägyptische, griechische, römische Antiquitäten, byzantinische Ikonen, venezianische Goldarbeiten, chinesisches Porzellan der Tang-Dynastie) erheblich erweitern. Schwerpunkt sind die volkskundlichen Sammlungen. Die Räume 17–19 geben einen Einblick in die Wohnkultur Nordgriechenlands des 18. Jh.: Die Salons zweier Herrenhäuser aus Kozani sind mit reich geschnitzten Wandvertäfelungen und Truhen geschmückt. Stickereien und Schmuck waren jahrhundertelang die kostbarste Mitgift der Braut (als staatliche Institution wurde die Mitgift erst 1983 durch eine neue Gesetzgebung im Familienrecht abgeschafft). In den repräsentativen Räumen des Elternhauses von Benaki sind die Objekte chronologisch und ansprechend präsentiert. Besondere Aufmerksamkeit verdienen die Säle, die der Entwicklung des byzantinischen Reiches und der Zeit des Befreiungskampfes gewidmet sind. Das Museum besitzt auch zwei Bilder von Domenikos Theotokopoulos, genannt El Greco: eine Ikone mit der Darstellung des malenden Evangelisten Lukas und die Anbetung durch die Heiligen Drei Könige aus der frühen Schaffenszeit El Grecos.

Koumbari 1; U-Bahn: Syntagma; Mo, Mi, Fr, Sa 9–17, Do 9–24, So 9–15 Uhr, Di geschl.; Eintritt 6 €, Do freier Eintritt

Im neuen **Annex des Benaki-Museums** (····⟫ S. 116, B 9) an der Piräus-Straße werden anspruchsvolle Wechselausstellungen mit Schwerpunkt

Design und moderne Kunst gezeigt. Über die Ausstellungsthemen informieren Veranstaltungskalender und Tageszeitungen (→ S. 110).

Peiraios 138; U-Bahn: Petralona; Mi, Do, So 10–18 Uhr, Fr, Sa 10–22 Uhr, Mo und Di geschl; der Eintritt variiert je nach Ausstellung, ein Erwachsener, der ein Kind begleitet, zahlt nur die Hälfte.

Die **Sammlung islamischer Kunst** (···⟩ S. 113, E 4), einige der wenigen in der westlichen Welt, gehört ebenfalls zum Benaki-Museum. Sie deckt 13 Jahrhunderte Kunstschaffens (Keramik, Textilien, Glas, Schmuck, Waffen) vom Beginn der Ausbreitung des Islams bis zur Osmanischen Zeit ab. Das Museum befindet sich in einem sehr sorgfältig renovierten neoklassizistischen Gebäude.

Ag. Asomaton 22/Ecke Dipylou 12; U-Bahn: Thissio; Di, Do–So 9–15, Mi 9–21 Uhr; Eintritt 5 €, erm. 3 €

Byzantinisches Museum

···⟩ S. 119, D 13

Das Museum befindet sich in einem der ältesten Privathäuser der Stadt, das sich eine französische Aristokratin und überzeugte Philhellenin in den ersten Jahren der Regentschaft Ottos vom Architekten Kleanthis erbauen ließ. Ausgestellt sind Ikonen vom 9.–19. Jh. Die byzantinischen Maler waren und sind an einen dogmatischen Kanon gebunden, in dem die Darstellung der Heiligen und der Szenen des Neuen Testaments genau festgelegt ist. In den Ikonen drückt sich nicht der Künstler selbst aus (der sein Werk auch nicht signiert). Die Ikone vermittelt zwischen Gott und Mensch, das Dargestellte verweist nicht auf etwas Geschehenes, sondern es ist in der Ikone immer wieder von Neuem erlebbar. Ziel des Künstlers ist es, das Göttliche darzustellen, und dies geschieht nach dogmatischer Auffassung am ehesten durch eine besondere Farbgebung (Gold ist die Farbe, die dem Metaphysischen am nächsten kommt), durch eine bewusste Flächigkeit (denn jede Plastizität würde dem Dargestellten irdische Realität verleihen – aus diesem Grund gibt es in den orthodoxen Kirchen auch keine dreidimensionale Skulptur) und durch eine Konzentration auf das Wesentliche (wenn Landschaft oder Architektur auf der Ikone auftaucht, ist sie immer symbolisch verwendet, z. B. Mauern der Stadt Jerusalem, eine Pflanze als Symbol des Garten Gethsemane etc.). Um den Eindruck des Irdischen ganz zu vermeiden, ist das Dargestellte darüber hinaus häufig stark stilisiert, z. B. indem die Figuren in die Länge gezogen sind (häufig beim Tod der Maria). Den Heiligen und Christus, aber auch der Muttergottes wohnt eine eigentümliche Strenge inne, sie strömen keine Milde aus, zeigen keine menschlichen Regungen, wie sie uns aus der westlichen Kunst so vertraut sind. Das kleine Christuskind auf dem Arm der Mutter (Panagia Hodegetria, die Wegführerin) ist niemals als Baby, sondern als Weltenrichter und -herrscher dargestellt. Die Augen der Heiligen dienen dem Gläubigen als Pforte zum Himmel – deshalb sind sie immer frontal gezeichnet – mit wenigen (logischen) Ausnahmen: Der Verräter Judas wird grundsätzlich im Profil gezeigt. Wer den Sinn einer Ikone zerstören wollte, brauchte also nur die Augen zu zerkratzen, ein Schicksal, das während der lang anhaltenden osmanischen Herrschaft so manchen Fresken und Ikonen widerfuhr. Neben Ikonen zeigt das Museum einige aus Kirchen abgelöste Fresken, spätantike Skulpturen, liturgische Gegenstände, reich mit Gold und Perlmutt verzierte Ikonostasen, die Entwicklung des byzantinischen Kirchenbaus sowie wertvolle Bücher. In der Museumsboutique können neue qualitätsvolle Ikonen erworben werden.

Vas. Sofias 22; U-Bahn: Evangelismós; im Sommer Di–So 8–19.30, im Winter bis 15 Uhr; Eintritt 5 €, erm. 2 €

Herakleidon
⌁⌁⌁→ S. 117, D 9

Das kleine Museum in altem schönen Gemäuer trägt den Untertitel »Experience in Visual Arts«. Es zeigt neben einer sehr sehenswerten ständigen kleinen Ausstellung des holländischen Grafikers M. C. Escher und des Franzosen ungarischer Herkunft Victor Vasarely gut kuratierte Wechselausstellungen.
Herakleidon 15; U-Bahn: Thissio; Di–Sa 13–21, So 11–19 Uhr; Eintritt 6 €, erm. 4 €

Jüdisches Museum Griechenlands
⌁⌁⌁→ S. 118, A 13

Das Museum hat es sich zur Aufgabe gemacht, die Geschichte und den Alltag der griechischen Juden zu illustrieren, die ab dem 3. Jh. v. Chr. hier siedelten. Es ist eine Geschichte der Verfolgung, der Hoffnung und des Todes: Die jüdische Gemeinde wuchs ab dem 15. Jh. durch die aus Spanien flüchtenden Sepharden. Unter den Osmanen genossen Christen und Juden gleiche Rechte. Während der deutschen Besatzung wurden Juden drangsaliert, ermordet und in die Konzentrationslager abtransportiert: 67 149 Griechen jüdischen Glaubens starben im Holocaust, das sind 86 % der gesamten jüdischen Bevölkerung Griechenlands.
Nikis 39; U-Bahn: Syntagma; Mo–Fr 9–14.30, So 10–14 Uhr, Sa geschl.; Eintritt 5 €, erm. 3 €

Kanellopoulos-Museum
⌁⌁⌁→ S. 117, F 9

1976 wurde die Kanellopoulos-Sammlung dem Staat vermacht. Sie umfasst Keramik und Skulpturen seit dem 6. Jh. v. Chr., Schmuck, Bronzehelme, Waffen sowie byzantinische Ikonen und Münzen. Wunderschön sind die drei auf Holz gemalten Mumienporträts aus römischer Zeit, die von Sarkophagen aus der Oase Fayum in Ägypten stammen. In den Räumen 2 und 3 sind einige herausragende Ikonen der kretischen Schule ausgestellt. Pavlos Kanellopoulos wollte mit seiner Sammlung die Entwicklung und Kontinuität griechischer Kunst demonstrieren. Einige Objekte kaufte er im Ausland auf, um sie in die Heimat zurückzubringen.
Theorias 12/Panos; U-Bahn: Akropolis; Di–So 8.30–15 Uhr; Eintritt 2 €

MERIAN-Tipp

⑩ Ilias-Lalaounis-Museum

Die Kreationen des zeitgenössischen Juweliers Lalaounis sind beispiellos. Das originelle Museum wurde im Jahr 1994 eingeweiht und umfasst über 4000 Schmuckstücke, die thematisch geordnet sind. Lalaounis wurde weltberühmt durch seine von altgriechischem Schmuck inspirierten Entwürfe. Darunter befindet sich auch der legendäre Priamos-Schmuck, den Heinrich Schliemann in Troja ausgegraben hat. Nachdem der Schmuck während des Zweiten Weltkriegs in Berlin verlorengegangen war, schuf Lalaounis nach Zeichnungen und Fotografien eine neue Priamos-Kollektion – zehn Jahre bevor die Originale im Puschkin-Museum in Moskau wieder zum Vorschein kamen. Schier unerschöpflich sind die Quellen, die den Meister inspirierten: Neben der griechischen Kunst sind es vor allem die altamerikanischen, byzantinischen, altorientalischen, altgermanischen Kulturen, aber auch Steine, Muscheln und Pflanzen, schließlich mythologische, astrologische, aber auch chemische und biochemische Motive und Formen. Das Museum umfasst auch eine Spezialbibliothek mit über 3000 Bänden, eine Cafeteria und eine Verkaufsboutique.

Kallisperi 12; U-Bahn: Akropolis; tgl. 9–16, Mi bis 21, So ab 11 Uhr, Di und an Feiertagen geschl.; Eintritt 3 €, Mi ab 15 Uhr und Sa vormittags freier Eintritt ⌁⌁⌁→ S. 117, F 10

Schlichte Schönheit: die Idole der Kykla-denkultur im gleichnamigen Museum.

Kriegsmuseum ····⟩ S. 119, D 13

Der Name des Museums mag verwundern, in Deutschland würde man die Sammlung vermutlich »Museum griechischer Militärgeschichte« nennen. Er geht zurück auf die Militärdiktatur, die Griechenland zwischen 1967 und 1974 regierte. Zu besichtigen sind ausrangierte Militärflugzeuge, Waffen, Banner, Karten und Orden, aber auch eine große Sammlung antiker Verteidigungswaffen. Beeindruckend sind die Fotos, die das Schicksal der Griechen unter deutscher Besatzung illustrieren.

Vas. Sofias/Rizari; U-Bahn: Evangelismós; Di–So 9–14 Uhr, Mo geschl.; freier Eintritt

Maria-Callas-Museum ····⟩ S. 112, C 4

Gezeigt werden u. a. Briefe der Diva an Verwandte aus den Jahren 1947 bis 1952, persönliche Kleidungsstücke und rund 200 Fotografien. Alle Objekte wurden auf Kosten der Stadt Athen bei einer Auktion in Paris erworben. Das Museum verfügt über ein Archiv mit allen Aufnahmen der Callas auf CD sowie Kopien von Filmaufnahmen und Fernsehauftritten.

Piräos 100/Ermou; U-Bahn: Kerameikos; Di–Fr 10–15 Uhr; freier Eintritt

Museum kykladischer Kunst
····⟩ S. 118, C 13

Die private, 1986 zugänglich gemachte Sammlung der Goulandris-Stiftung ist einzigartig auf der Welt. Nirgendwo sonst kann man in so großer Zahl die bis zu fünfeinhalb Jahrtausende alten Kultidole und Statuetten aus weißem Marmor bewundern. Die Kykladen-Kultur breitete sich auf der ägäischen Inselgruppe in der frühen Bronzezeit aus (3200–2000 v. Chr.) und geriet erst ab 2000 v. Chr. unter minoischen Einfluss. Die **Idole in Menschengestalt** – Männer und Frauen – unterschiedlicher Größe sind klar gegliedert und wirken in ihrer Schlichtheit ungewöhnlich modern. Da verwundert es nicht, dass sich Künstler wie Picasso und Modigliani von den abstrakten Figuren der protokykladischen Kultur inspirieren ließen. Im zweiten Geschoss sind Keramik, Marmor und Metall der anderen beiden frühen griechischen Hochkulturen, der minoischen und mykenischen, ausgestellt sowie Fundstücke aus der geometrischen, archaischen und klassischen Periode. Besondere Beachtung verdient das antike Bronzegeschirr der Sammlung Lambros Eftaxias.

Durch einen Glaskorridor oder von der Irodotou-Straße gelangt man zur neoklassizistischen Villa Stathatos, in der Wechselausstellungen gezeigt werden. Außerdem befinden sich hier Holzkopien mit Möbeln der klassischen Periode. Im Erdgeschoss des Gebäudes in der Neofytou-Douka-Straße kann man ausgezeichnete Repliken von Museumsstücken erwerben.

Neofytou Douka 4; U-Bahn: Evangelismós; Mo, Mi, Do, Fr 10–16, Sa 10–15 Uhr, Di, So geschl.; Eintritt 5 €, Sa 2,50 €

Nationalgalerie   ····⟩ S. 119, E 13

Das Museum hat in jüngster Zeit mit großen Wechselausstellungen (El Greco, Moderne Spanische Kunst etc.) für Aufsehen gesorgt. In der ständigen Ausstellung erhält der Besucher einen hervorragenden Überblick über die neugriechische Malerei von 1700 bis heute. Es war die Schule der Ionischen Inseln, die – stark von Italien beeinflusst und unabhängig von der türkischen Besetzung – sich als Erste von der traditionellen byzantinischen Malerei absetzte und sich der Portrait- und Genremalerei widmete. Nach der Befreiung des übrigen Griechenlands setzte sich die westeuropäische Ausrichtung der griechischen Malerei in allen Landesteilen durch. Die engen Kontakte zur Königlichen Kunstakademie in München unterstützten diese Tendenz nachhaltig. Bereits 1837 wurde in Athen eine Kunstakademie gegründet, an der zahlreiche Absolventen der Münchner Akademie unterrichteten. Neben der üblichen Historienmalerei aus der Regentschaft König Ottos, wie man sie auch im Historischen Museum und im Benaki-Museum findet (Hauptrepräsentanten dieser »akademischen« Malerei sind Vryssakis und Tsokos), verdient insbesondere die Entwicklung der Moderne besondere Aufmerksamkeit. Das Spätwerk von Nikolaos Gyzis zeigt bereits eine Verwandtschaft zum Schaffen von Franz v. Stuck und Arnold Böcklin. Einflüsse aus Paris und der Provence machen sich im griechischen Symbolismus und (Post-)Impressionismus (Perikles Pantatzis) bemerkbar.

Die so genannte **Generation der 30er-Jahre** öffnete sich noch stärker den zeitgenössischen Kunstströmungen, insbesondere dem Surrealismus und Kubismus. Andererseits versuchte sie, die Moderne mit Elementen der griechischen Volkskunst und Mythologie zu verbinden. So verarbeitete der griechische Künstler Engonópoulos in seinen surrealistischen Bildern mythologische Themen. Daran knüpfen bekannte Maler wie Tsaroúchis (1910–1989), Diamantópoulos und Chazikyriákos-Ghika an. Letzterem ist ein eigener Saal gewidmet.

Vas. Konstantinou 50; U-Bahn: Evangelismós; Mo–Sa 9–15, So 10–14 Uhr, Di geschl.; Eintritt 6,50 €, erm. 3 €

National-Historisches Museum
····⟩ S. 114, A 8

In dem Gebäude, in dem von 1858 bis 1934 das griechische Parlament tagte, bevor es ins alte Königsschloss am Syntagma-Platz umzog, ist seitdem das historische Museum untergebracht, das die Geschichte Griechenlands von der spätbyzantinischen Periode bis ins 19. Jh. nachzeichnet. Zu besichtigen ist auch der alte Plenarsaal. Der Schwerpunkt der Sammlung liegt naturgemäß auf dem Befreiungskrieg und der nachfolgenden Monarchie: Portraits von Freiheitskämpfern, Fahnen, Waffen, Rüstungen, Trachten, Gallionsfiguren von Kriegsschiffen und persönliche Gegenstände der Helden der Befreiungsbewegung und der ersten Könige des neu gegründeten Staates.

Stadiou 13; U-Bahn: Panepistimio; Di–So 9–14 Uhr, Mo geschl.; Eintritt 3 €, erm. 1,50 €, So frei

Numismatisches Museum
····⟩ S. 114, B 8

Das »Iliou Melathron« genannte Haus gilt als eines der schönsten neoklassizistischen Gebäude Athens mit bemerkenswerten, von italienischen Künstlern gefertigten Bodenmosaiken und Wandgemälden des Slowaken

Yuri Subic. Es wurde von dem sächsischen Architekten Ziller im Stil der toskanischen Renaissance entworfen. Der Troja-Ausgräber Heinrich Schliemann hat hier mit seiner Familie von 1881 bis zu seinem Tod 1890 gelebt. Seine griechische Witwe Sophia verkaufte das Gebäude 1926 an den griechischen Staat. Zunächst beherbergten die privaten Räume den Staatsrat, von 1934 bis 1981 den Areopag, das oberste Gericht Griechenlands. Im ersten und zweiten Stock mit seinen neopompejanischen Malereien ist heute das Numismatische Museum untergebracht, eine der größten Münzsammlungen der Welt. Die Kollektion stammt zum größten Teil aus Privatsammlungen. Sie enthält besonders wertvolle Münzen der Antike, darunter die athenische Tetradrachme aus dem 5. Jh. v. Chr., ebenso wie römische, byzantinische, mittelalterliche und moderne Münzen. Das Gebäude wurde 2007 komplett renoviert und lohnt aufgrund seiner bezaubernden Dekoration absolut den Besuch.

Panepistimiou 12; U-Bahn: Syntagma; Di–So 8.30–15 Uhr, Mo geschl.; Eintritt 3 €, im Eintritt ist ein Audioguide enthalten.

Straßenbahnmuseum
·····⟩ Umschlagkarte vorne
Ab 1930 verband die »Elektrische« Piräus mit dem Omonia-Platz, seit 1957 verkehrt die Bahn bis nach Kifisia. Im Bahnhof von Piräus wurde Ende 2005 dieses kleine, sehenswerte Museum eingeweiht, das Eisenbahnfans faszinieren wird. Der Besuch kann auf dem Hinweg gut mit einer Exkursion nach Ägina verbunden werden.

Mo–Fr 9–14, 17–20 Uhr; freier Eintritt

Vorres   ·····⟩ Umschlagkarte hinten
Wer sich einen Eindruck von der zeitgenössischen Kunst Griechenlands verschaffen möchte, sollte einen Abstecher zur Privatsammlung Vorres nach Peania östlich von Athen machen. Mit ein wenig Glück kann man den Mäzen Ion Vorres, einen Gentleman der alten Schule, selbst als Führer erleben (Herr Vorres spricht perfekt Deutsch). Das Museum enthält griechische Kunstobjekte der letzten 3000 Jahre. In zwei Bauernhäusern und alten Stallungen werden volkskundliche Gegenstände, Keramik, Teppiche und Möbelstücke gezeigt. Der Höhepunkt ist die Abteilung für moderne Kunst, die Gemälde und Plastik griechischer Künstler und Künstlerinnen (jedes dritte Werk stammt von einer Frau) zeigt. Die herrliche Anlage und die höchsten ästhetischen Ansprüchen genügende Anordnung der Kunstwerke, die an die Fondation Maeght in St. Paul de Vence erinnert, machen diesen Ausflug zu einem einzigartigen Erlebnis.

Parodos Diadohou Konstantinou 1, Peania; Tel. 21 06 64 25 20; Bus 308 ab U-Bahn Ethniki Amyna; nur am Wochenende 10–14 Uhr; Eintritt 5 €, erm. 3 €

GALERIEN
Ein Veranstaltungskalender für zeitgenössische Kunst liegt in vielen Galerien aus oder ist unter www.athensartmap.net abrufbar. Die meisten Galerien befinden sich im Kolonáki- und im Psirrí-Viertel.

Athens Art Center   ·····⟩ S. 114, C 8
Eine traditionsreiche Galerie, die sich vor allem dem Werk junger griechischer Künstler widmet.

Glykonos 4; U-Bahn: Evangelismós; Tel. 21 07 21 39 38; tgl. 10–14 und 18–21, Sa bis 14.30 Uhr

Zoumboulakis   ·····⟩ S. 114, C 8
Zeitgenössische griechische und internationale Kunst an zwei Ausstellungsorten. In der Kriezotou-Straße werden außerdem Poster sowie Kunstgegenstände aller Art verkauft.

Kolonáki-Platz 20; Tel. 21 03 60 82 78; Kriezotou 7; U-Bahn: Syntagma; Tel. 21 03 63 44 54

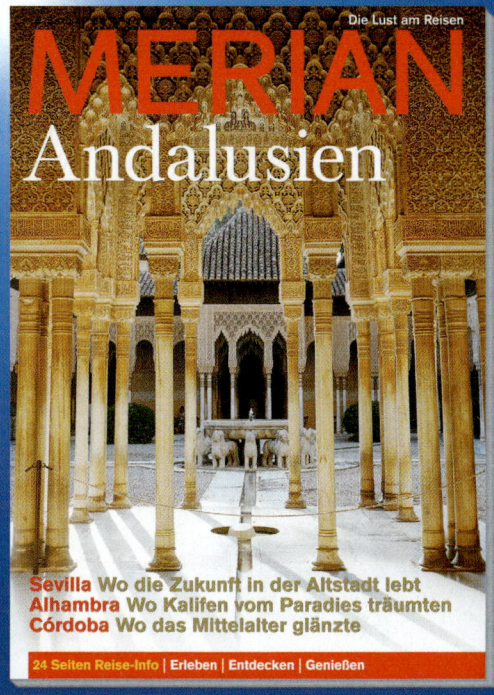

Spaziergänge und Ausflüge

Der Klassiker unter den Stadtspaziergängen in Athen ist der Bummel durch die Plaka (→ S. 78). Nicht unbedingt zum Shoppen, wohl aber zum Schauen, Essen und Kaffeetrinken eignen sich die Gassen der Altstadt, die dörflichen Charme versprühen.

Athen mit und ohne Säulen: die folgenden, detailliert beschriebenen Streifzüge führen Sie durch bekannte und unbekannte Ecken der Stadt. Auch das Umland lädt zu Entdeckungstouren ein.

Durch die Plaka zur Akropolis – eine Zeitreise durch zwei Jahrtausende

Charkteristik: Geschichtsträchtiger Spaziergang, der rutschfeste Schuhe erfordert. **Dauer:** ca. 5 Stunden; **Öffnungszeiten:** Im Winter sind die Ausgrabungsstätten nur bis ca. 14.30 Uhr geöffnet. **Einkehrmöglichkeit:** Café Klepsidra; Klepsidras-Straße, Ecke Thrasivoulou; Sommer 9–2 Uhr, Winter 10–23 Uhr; **Karte:** ····⟶ S. 79

Der Rundweg beginnt und endet an der U-Bahn-Station Akropolis und lenkt die Schritte, immer am Burghügel entlang, zu den schönsten und ruhigsten Ecken der Plaka.

Die Makrijannis-Straße führt hinauf zur Bronzeskulptur des für seine Memoiren berühmten Generals Makrijannis, der sich im griechischen Freiheitskampf gegen die Osmanen hervortat. Hier biegt man in die Vyronas (Byron)-Straße ein und befindet sich mitten in der **Plaka**: Die frei stehenden Häuser, teils verfallen, teils restauriert, sind das augenfälligste Merkmal der Athener Altstadt. Geradeaus stößt man direkt auf das **Lysikrates-Denkmal**. Es ist ein schönes Beispiel für die spätklassische Baukunst (ca. 334 v. Chr.). Lysikrates war Chorleiter und Unterstützer (heute würde man Sponsor sagen) des Theaters. Ihm zu Ehren errichtete man diesen kleinen Rundtempel auf quadratischem Unterbau. Auf dem Dach sind noch die Reste der steinernen Blume

sichtbar, auf der man sich einen bronzenen Dreifuß vorzustellen hat, wie er für den Sieg bei den antiken Theaterwettbewerben gestiftet wurde. Eine Inschrift daneben verweist auf den englischen Dichter Byron, der 1810/11 in dem damals hier eingerichteten Kapuzinerkloster wohnte. Das Denkmal ist von kulturgeschichtlicher Bedeutung, da die Kapuzinermönche hier die ersten wissenschaftlichen Antikenstudien auf griechischem Boden betrieben. Hier liegt auch die Tripodon(»Dreifuß«)-Straße, die einzige, die ihren antiken Verlauf und Namen bewahrt hat. Hinter dem Denkmal nimmt man die Rangeva- und links die Thespidos-Straße. Die Straße steigt weiter an in Richtung Akropolis, am Fuße des Hügels biegt man rechts ab und genießt schon nach wenigen Metern eine herrliche Aussicht auf den Lykavittós und den Hymettos. Gegenüber erinnert eine Marmorplatte an den jungen Widerständler Konstantinos Koukidis, der

Ausgetreten und glatt sind die Stufen, die zum Areopag hinaufführen, der Stätte, an der der Apostel Paulus vor den Athenern predigte.

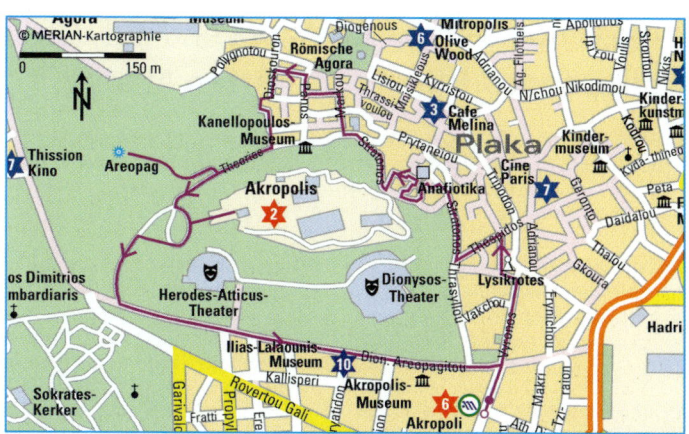

sich wenige Wochen nach der deutschen Besetzung Athens, in die griechische Flagge eingehüllt, an dieser Stelle vom Akropolis-Felsen stürzte. Gleich daneben die hübsche Kirche **Agios Georgios vom Felsen**, die allerdings nur unregelmäßig geöffnet ist.

Anafiotika-Viertel ⋯⤍ Dionysos-Theater

Hinter der Kirche führen Treppen hoch ins Gassenwirrwarr des **Anafiotika-Viertels**. Weiß gekalkte Häuser, streunende Katzen und in Ölkanister gepflanzte Blumen erinnern an die Inseln der Ägäis. Tatsächlich waren zwei Baumeister von der Insel Anafi die Ersten, die hier ihre Häuser im typischen Würfelstil errichteten, ihre Landsleute machten es ihnen nach. Man folge dem Schild »Akropolis« und gelangt zur Kirche **Agios Simeon ton Anafaion** aus dem Jahr 1774. Dahinter führt die Gasse zur **Villa Kleanthis**. Das Gebäude war eines der größten in der neu gegründeten Hauptstadt Athen, weshalb König Otto hier 1837 die erste Universität des jungen Staates begründete. Doch schon nach vier Jahren erwies sich die Hochschule als zu klein! Das **Universitätsmuseum** ist wenig besucht, aber interessant für Besucher, die sich für medizinische Geräte begeistern.

Treppen führen die Klepsidras-Straße hinunter, wo man an der Ecke Thrasivoulou im nicht billigen, aber schönen Café Klepsidra eine Pause einlegen kann. Die Thrasivoulou- und Mitron-Straße führt geradewegs an den Rand der **Agorá**. Die Stufen am Zaun entlang führen wieder an den Burghügel. Der Blick schweift über den Hephaistos-Tempel bis zur Parnitha. Ein Rundweg führt hinter dem Tickethäuschen über die **Akropolis** (→ S. 47), in deren Mitte sich majestätisch der Parthenon-Tempel erhebt. Auf der Südseite hat man den besten Blick auf das Dionysos- und das Herodes-Atticus-Theater und darüber hinaus auf das alte Stadion, den Tempel des Olympischen Zeus und das Zappion. Nach der Besteigung der Akropolis sollte man noch die Felsstufen des **Areopags** (→ S. 52) erklimmen. Der »Fels des Ares«, des Kriegsgottes, ist seit Jahrtausenden Versammlungsort, heute allerdings der Touristen und Liebespaare. Die Fußgängerzone Dionysiou Areopagitou führt am Schluss des Spaziergangs zum ältesten Theater der Stadt, dem **Dionysos-Theater** (→ S. 52) und dem gegenüberliegendem neuen Akropolis-Museum, von wo man wieder zum Ausgangspunkt des Spaziergangs gelangt.

Vom Omónia-Platz zur Agorá und auf den Philópappos-Hügel – im Herzen Athens

Charakteristik: Der Spaziergang ist eine Zeitreise, die durch moderne Einkaufsstraßen zum antiken Marktplatz, der Agorá, führt. **Dauer:** 5 Stunden; **Einkehrmöglichkeiten:** Café Neon, Omónia-Platz, 8–2, Sa ab 9, Fr bis 1 Uhr, und Café Aiolis, Ag. Eirinis/Ecke Aiolou; Tel. 21 03 31 28 39, 10–2 Uhr; **Karte:** ·→ S. 81

Ausgangspunkt des langen Spaziergangs ist der **Omónia-Platz** oder **Platz der Eintracht**, der besonders schwer unter den städtebaulichen Veränderungen im 20. Jh. gelitten hat. Noch vor 100 Jahren schlug hier in den eleganten Grandhotels und Cafés das Herz der Stadt. Dann kam die Abrissbirne, und mit ihr gingen Plunder, Dunkelmänner und Billigabsteigen einher. Durch die Neugestaltung des U-Bahnhofs in jüngster Zeit ist der Verkehr stark eingeschränkt worden, zum anderen gelang es, durch die Restaurierung einiger schöner Baudenkmäler und eine neue nächtliche Beleuchtung den Platz nachhaltig aufzuwerten. Im traditionsreichsten Café am Platz, dem **Café Neon**, das der Maler Tsaroúchis verewigt hat, stärkt man sich mit einem Frappé, überquert den Platz und biegt in die Athinas-Straße ein, die den Blick auf die Akropolis freigibt. Nach etwa fünf Minuten

Obwohl vom Verkehr stark entlastet und einem »Facelifting« unterzogen, konnte der Omonia-Platz seine einstige Bedeutung als Treffpunkt Athens nicht wieder erlangen.

Leof. Athinon
Nationaltheater
Omonia
Omonia
Vilara
Zinonos
Anaxagora
P. Tsaldari
Pl. Odeiou
Geraniou
Sokratous
Kleisthenous
Efpolidos
Lyko
urgou
G. Stavrou
Athinas
Stadiou
Menandrou
Sapfous
Plat.
Theatrou
Plat.
Eleftherias
Evripidou
Zentralmarkt
Evripidou
Agii
Theodor
Benaki-Museum
für islamische Kunst
Agios
Gregorios
Ag. Anargyron
Pallados
Vyssis
Praxitelous
Asomaton
Menidoni
Ag. Thekla
Voreou
Kolokotroni
Ermou
Aristofanous
Aristogitonos
Aischylou
Agisilaou
Dipilou
Thissio
Astingos
Adrianou
Monastiraki
Kapni-
karea
Ermou
Perikle
Pandrosou
Mitropoleos
O Tzit
o Me
Agora
Agora-
Museum
Kladiou
Dexippou
Mitropolis
Kleine
Mitropolis
Olive
Wood
Cafe
Melina
Agia
Marina
Römische
Agora
Diogenous
Lisiou
Kyrristou
Thrasillou
Kanellopoulos-
Museum
Prytaneiou
Plaka
Thissio
Kino
Areopag
Akropolis
Anafiotika
Cine
Paris
Pnyx-
Hügel
Agios Dimitrios
Lombardiaris
Herodes-Atticus-
Theater
Dionysos-
Theater
Lysikrates
Sokrates-
Kerker
Ilias-Lalaounis-
Museum
Dion. Areopagitou
Akropolis-
Museum
Akropoli
Kallisperi
Rovertou Galli
Propylaion
Garivaldi
Kavalloti
Grabmal des
Philopappos
Tsamikaratasi
0   150 m
© MERIAN-Kartographie

stößt man auf einen großen Platz. Im **Rathaus** rechter Hand regiert seit 2006 der konservative Politiker Nikitas Kaklamanis.

Zentralmarkt ···> Kräuterladen Elixir

Nach wenigen Schritten folgt auf der linken Seite der **Zentralmarkt (Kentriki Agorá)**. Hier taucht man ein in die Welt des Orients: Um die schön restaurierte Fischhalle herum, die besonders in den Morgenstunden ein echtes Erlebnis ist, bieten Händler lautstark ihre Ware an: Oliven, Trocken- und Hülsenfrüchte, Feta, Stockfisch und lebendes Vieh: Hühner, Papageien, Wellensittiche! In der riesigen Fleischhalle türmen sich wohlgeordnet Kutteln, Lammköpfe (eine Delikatesse!), Geflügel und Wild. Ein wohlduftendes Mitbringsel sind griechische Bergkräuter: die Königspflanze Basilikum, »Rígani«, ein Verwandter des Majoran, der nicht nur die Pizza würzt, sondern als Tee auch bei Magenverstimmung hilft, Nanaminze (»Diósmos«) als Tee und im Hefegebäck, schließlich Lorbeer (»Dáfni«), Rosmarin (»Dendrolívano«), Salbei (»Faskómilo«) und Thymian (»Thimári«). Hier befindet sich auch eines der authentischsten Rembetiko-Lokale, die Stoa Athanaton (→ S. 37). Weiter auf der Athinas-Straße biegt man nach fünf Minuten rechts ein in die Evripidou-Straße. In der Nr. 41 linker Hand lohnt ein Blick in den gut sortierten Kräuterladen Elixir.

Agios Ioannis tis Kolonnas ···>
Agia Kyriaki

Auf der anderen Straßenseite folgt nach einigen Metern ein kleiner Hof mit dem winzigen Kirchlein **Agios Ioannis tis Kolonnas**, das seinen Namen nach der scheinbar aus der Kirche wachsenden antiken korinthischen Säule trägt. Sie gehörte einst zu einem Asklepion-Heiligtum, das den Gott der Medizin verehrte. An der Stelle Asklepions bitten die Kirchgänger nun den Heiligen Johannes um Heilung ihrer Gebrechen. Wieder zurück auf der Athinas in Richtung Akropolis empfängt den Spaziergänger auf der linken Seite die im Inneren völlig verrußte byzantinische Kirche **Agia Kyriaki**. Die Fresken sind leider nicht mehr zu erkennen. Faszinierend sind die mit riesigen Einkaufstüten bepackten Gläubigen, die kurz das Gotteshaus betreten, eine Kerze anzünden, um sofort weiterzueilen …

Man biegt links in die Agia-Irini-Straße, wo man auf die gleichnamige Kirche stößt. Das **Café Aiolis** bietet sich für eine zweite Stärkung an. Die Aiolou-Straße führt über die Fußgängerzone Ermou hinweg rechts zur Pandrosou-Straße, der man, an unzähligen Souvenirshops vorbei, in Richtung Monastiraki und dann auf der Adrianou-Straße folgt. Die Gleise der Bahn Piräus-Kifisia trennen einen von der Agorá. Der Haupteingang befindet sich nach einigen Metern links auf der Adrianou.

Agorá ···> Fußgängerzone
Apostolou Pavlou

Die **Agorá** (→ S. 45) war einst das gesellschaftliche Zentrum der antiken Stadt und viel mehr als ein Markt: Hier wurde unterrichtet, diskutiert, philosophiert. Den Tyrannenmördern wurde hier das erste Heldendenkmal der Menschheitsgeschichte errichtet. Die panathenäische Prozession verlief durch das Gelände, und einer der größten Tempel, dem Schmiedegott Hephaistos gewidmet, wurde hier errichtet. Nach der Besichtigung der Agorá wendet man sich in Richtung Thision und spaziert auf der Fußgängerzone Apostolou Pavlou am westlichen Rand der Agorá entlang. In der Irakleidon-Straße rechter Hand gibt es viele einladende Lokale.

Der breit angelegte archäologische »Spaziergang« macht schließlich einen Knick nach links und nennt sich fortan Dionysiou Areopagitou. An dieser Stelle biegt man rechts ab. Der Weg führt allmählich bergauf. An einem lauschigen Plätzchen liegt die Kirche **Agios Dimitrios Lombardiaris**. Ihren Namen verdankt die Kirche einer

Legende aus dem 17. Jh.: Der Kommandeur der türkischen Garnison, Jussuf Aga, wollte die auf dem Felsen versammelten Christen durch einen Schuss der Kanone Loumbarda vertreiben. Der Hl. Demetrios wehrte sich mittels eines Blitzes, der die Kanoniere erschlug, bevor sie den Befehl ausführen konnten. Hinter der Kirche führt ein kurzer Abstecher zur **Pnyx**, dem Ort der Volksversammlung. Über 20 000 Menschen konnten sich hier versammeln und den Reden eines Demosthenes oder Themistokles lauschen. Das von Weitem sichtbare Gebäude an der Spitze des Hügels ist die vom dänischen Architekten Hansen errichtete **Sternwarte**.

Zurück an der Kirche kann man nun direkt über kleine Waldwege und -treppchen den **Philópappos-Hügel** erreichen. Für die Mühe des Aufstiegs wird man oben durch einen atemberaubenden Blick auf die Akropolis und auf den Saronischen Golf entschädigt.

Das **Grabmonument** errichteten die Athener 116 n. Chr. zu Ehren des Enkels des letzten Herrschers von Kommagene und römischen Statthalters, C. Julius Antiochos Philópappos, der das athenische Bürgerrecht besaß. Das nur noch in Teilen erhaltene Bauwerk zeigt den Verstorbenen in der Montur eines römischen Konsuls auf einer Quadriga.

Abendstimmung auf dem Philópappos-Hügel. Die antiken Baureste stammen vom Grabmonument des gleichnamigen römischen Statthalters.

Im Kolonáki-Viertel und auf den Lykavittós – dem modernen Athen auf der Spur

Charakteristik: Spaziergang durch ein typisch griechisches Viertel; **Dauer:** ca. 5 Stunden inkl. der Besichtigung der beiden Museen; **Einkehrmöglichkeiten:** Café Da Capo, Kolonáki-Platz 1/Ecke Tsakalof und Museumscafés; **Karte:** ┄┄> S. 85

Dieser abwechslungsreiche Rundgang am Fuße des Lykavittós bietet abgesehen von den zwei Museen keine touristischen Sehenswürdigkeiten; dafür taucht man in ein typisches griechisches Viertel ein.

Man startet an der Vasilisis Sofias/Ecke Irodou Attikou am nordöstlichen Eck des Nationalgartens. Mit ein bisschen Glück erlebt man die **Wachablösung der Evzonen,** die in der nahen Kaserne stationiert sind und vor dem Parlament sowie der Residenz des Staatspräsidenten ihren Dienst tun. Im Sommer tragen sie die leichtere hellbraune Tracht, im Winter die weiß-blaue, an Feiertagen die weiße. Das Weiß-Blau, das die griechische Nationalflagge ziert, haben die Wittelsbacher mit Otto mitgebracht, und der junge König selbst ließ sich in dem weißen Fustanella-Röckchen mit blauer Weste portraitieren. Die roten Schuhe mit schwarzen Bommeln, »Tsaroúchia« genannt, gemahnen an das vergossene Blut der griechischen Freiheitshelden. Man überquert den Boulevard und stößt direkt auf das **Benaki-Museum.** Auch wer nur kurze Zeit in Athen weilt, sollte sich den Besuch des Museums nicht entgehen lassen, da es wie kein anderes einen Überblick von der antiken bis zur neueren Geschichte Griechenlands bietet.

Kolonáki-Platz ┄┄> Dexamení

Am oberen Ende der Koumbári-Straße empfängt einen der **Kolonáki-Platz,** der offiziell Plateia Filikís Etairías heißt nach dem Geheimbund der In- und Auslandsgriechen, die am Vorabend der griechischen Befreiungsrevolution den Kampf gegen die Osmanen vorbereiteten. Jeder nennt den Platz Kolonáki nach der kleinen Säule gegenüber dem legendären Café Ellinikón, in das längst eine Fast-Food-Kette eingezogen ist. Das Säulchen, um das einst Reiter ritten und versuchten, vom Pferd aus Kränze über die Säule zu werfen, gab dem Stadtviertel seinen Namen. Man überquert

Die Tsakalof-Straße im Kolonáki-Viertel ist ein beliebter Treffpunkt.

den Platz in der Diagonale und mischt sich unter Geschäftsleute, Yuppies, beautiful people, Liebespärchen und Intellektuelle, die in den immer stark frequentierten Cafés wie dem Da Capo den neuesten Klatsch austauschen. Frisch gestärkt geht es weiter an den schicken Auslagen der Boutiquen in der Tsakalof-Straße vorbei, die anfangs noch Fußgängerzone ist und schließlich an der Dimokritou in einen schattigen Platz an der **Kirche Agios Dionysios Areopagitou** mündet. Der Heilige starb als erster Athener den Märtyrertod. Schöne geschnitzte Portale am Haupteingang führen in das Innere der Kirche, das durch neobyzantinische Wandmalereien und eine riesige Kuppel beeindruckt. Entlang der riesigen Oleanderbüsche steigt man die Treppen der Lykavittou-Straße hoch: So schön kann man in der Athener City wohnen! In der Villa Anagnostopoulou Nr. 2 war einst die brasilianische Botschaft untergebracht, bis das Quartier selbst für Botschaften zu teuer wurde. Man biegt rechts in die Anagnostopoulou ein. Ein paar Schritte weiter erhascht man an der Ecke Voukourestíou einen überraschenden Blick auf die Akropolis. Links führen die Treppen hoch auf die Fokilídou-Straße mit dem schönen Ausstellungsraum der **Galerie Cats and Marbles**. Weiter auf der Fokilídou rechts erhebt sich hinter einer Zypresse ein frisch restauriertes Haus im Inselstil der Kykladen. Gleich dahinter führen Treppen zum **Dexamení-Platz**. Einst war die Dexameni ein Wasserreservoir, das die Stadt in römischer Zeit mit Wasser versorgte. Einige verstreute Steine erinnern an das Hadrianische Aquädukt, das hier vom Parnass Wasser in die Stadt führte. Heute verwandelt sich der Platz an sonnigen Nachmittagen in ein Fußballfeld für die Kleinen, und abends verabredet man sich, um im schönen Freilichtkino die neuesten amerikanischen Streifen zu sehen. Eine Bronzestatue zeigt **Odysséas Elytis**, neben

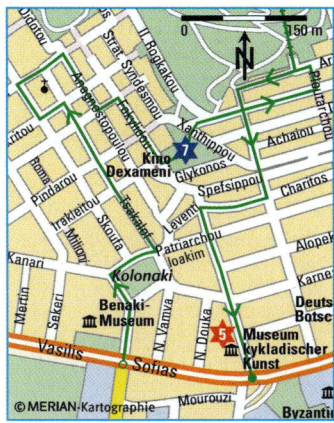

Giorgos Seféris der einzige Dichter Griechenlands, dessen Werk 1979 mit dem Nobelpreis für Literatur geehrt wurde. Míkis Theodorákis hat seinen Gedichtzyklus »To axión estí« vertont.

Dexameni ···⟩ Lykavittós

Zwischen Kino und Café läuft man weiter bergauf, hält sich links und nimmt die Treppen rechts vom Briefkasten. Am Hotel Saint George Lykavittós erreicht man die Kleomenous-Straße. Nun kann man entweder querfeldein den **Lykavittós-Berg** zu Fuß auf kleinen Pfaden erklimmen oder auf der Kleomenous bis zur Bergbahn laufen (tgl. 9–3 Uhr, Hin- und Rückfahrt 5,50 €, Kinder zwischen 4 und 7 Jahren 2,80 €.) Von der **Georgskapelle** auf dem Hausberg der Athener bietet sich ein überwältigender Blick auf das Häusermeer von Athen. Zurück an der Talstation nimmt man die Aristippou rechts und läuft die Loukianou-Straße hinab. Ein Schlenker nach rechts zur Leventi-Straße führt zum Feinkostgeschäft Misegiánnis (→ S. 28). Am Ende der Irodótou ist man wieder auf der Vasilis Sofias angekommen. Das Palais Stathatos an der rechten Ecke ist der neue Flügel des **Museums Kykladischer Kunst**. Der Haupteingang befindet sich in der N. Douka-Straße Nr. 4.

Ausflüge in die Umgebung

Athens Strände und zum Sonnenuntergang ans Kap Sounion 👫

Charakteristik: Badevergnügen und Kulturerlebnis; **Dauer:** Tagesausflug; **Anfahrt:** PKW oder Bus; Mietwagen erhält man an der Leofóros Sngrou (Capital Rent a car, Bv. Syngrou 14; Just Rent a car, Bv. Syngrou 43; Avanti Rent a car, Bv. Syngrou 50). Vorlage eines nationalen Führerscheins. Orangefarbene Überland-Busse KTEL ab Pedion tou Áeros. Zu den Stränden fahren die Busse A2, B2, E2, A3 ab Panepistimíou. Nach Vouliagménis steigt man in Glyfada in die Busse 114, 116 oder 149. Im Sommer auch Express-Busse nach Várkiza. **Einkehrmöglichkeit:** Fischtavernen in Anavissos; **Karte:** ⤳ Umschlagkarte hinten

Eine Fahrt zu dem seit der Antike berühmten **Kap Sounion** gehört zu den klassischen Erlebnissen einer Griechenland-Reise. Bis zum Sonnenuntergang bleibt viel Zeit, die zahlreichen Strände und kleinen Buchten zu entdecken.

In Athen führt die Schnellstraße Karéas auf den Vouliagménis-Boulevard und von dort immer an der Apollon-Küste entlang. In **Voúla** erreicht man nach 18 km den ersten schönen, kinderfreundlichen Strand mit flachem Wasser. Die Strände von Voula A', Astéras Vouliagménis und Várkiza tragen die »Blaue Flagge«, das internationale Zertifikat, mit dem sich nur Strände mit hervorragender Wasserqualität und guter Infrastruktur schmücken dürfen. Für diese organisierten, sauberen Strände muss allerdings Eintritt gezahlt werden. Athens angesagtester Strand ist der 4 km entfernte **Astéras Vouliagménis** (an Werktagen 8 €, an Wochenenden 12 €,

Kinder zahlen die Hälfte). Im nahe gelegenen Astir Palace Hotel werden Staatsgäste empfangen und finden internationale Konferenzen statt. Übrigens: Nacktbaden ist außerhalb der FKK-Badestrände streng untersagt, und auch »oben ohne« ist nicht üblich. Es lohnt, einen kleinen Abstecher zur Landspitze (genannt »laimós« = Hals) von **Vouliagménis** zu machen. Von dort oben hat man einen herrlichen Blick auf die Küste und den Yachthafen von Vouliagménis und kann einen Sprung ins smaragdblaue Wasser wagen. Zurück auf der Hauptstraße liegt linker Hand der hübsche See von Vouliagménis. Er wird von natürlichem heilkräftigen Thermalwasser (22–25 °C) gespeist, weshalb er auch im Winter eine angenehme Erholungsstätte ist (Eintritt 7 €, tgl. bis Sonnenuntergang geöffnet, höchstens bis 20 Uhr). Ab hier wird die Straße enger, und rechter Hand öffnen sich zahlreiche Buchten, die zum (kostenlosen) Badevergnügen einladen. Der Ort **Várkiza**, den man nach 27 km erreicht, ging in die neueste griechische Geschichte ein: In dem kleinen Straßentunnel hinter dem Ort verübte Panagoúlis 1968 einen (fehlgeschlagenen) Anschlag auf den Diktator Papadópoulos und hielt sich einen Tag versteckt. Der Attentäter wurde gefasst, gefoltert, zum Tode verurteilt, schließlich freigelassen und begann nach dem Sturz der Diktatur eine politische Karriere als Parlamentarier. 1976 wurde er auf ungeklärte Art und Weise bei einem Verkehrsunfall getötet. Oriana Fallacci hat Panagoúlis, ihrem Lebensgefährten, im Bestseller »Ein Mann« ein Denkmal gesetzt.

Im Distrikt **Koropí**, nach 33 km, wird Retsina hergestellt. Je weiter man an der Küste vordringt, desto kleiner und dünner werden die Siedlungen. In **Lagoníssi** wurden in den

1930er- und 1940er-Jahren Flüchtlingslager errichtet. Hinter **Saronída** wird die Landschaft zunehmend karg. Überall kann man schwimmen und in der großen Bucht von **Paralía Anavissou**, die man nach 51 km erreicht, in einer der zahlreichen Fischtavernen direkt am Meer essen. Die letzten Kilometer vor dem Kap Sounion sind nicht bebaut. Rechter Hand liegt die Pátroklos-Insel, ein altes Jagdgebiet, und in einiger Ferne kann man schon den **Poseidon-Tempel** ausmachen. Nach 69 km hat man den Parkplatz unterhalb des Tempels erreicht.

Wohl kaum ein antiker Ort Griechenlands entspricht so sehr den Erwartungen der Besucher, die seit 200 Jahren zum **Kap Sounion** pilgern: eine Tempelruine über dem ägäischen Meer, in dem die Sonne hinter den Laurion-Bergen versinkt und die Säulen des Poseidon-Heiligtum in ein rosarotes Licht taucht. Einer der berühmtesten Besucher des Ortes, Lord Byron, hat seinen Namen in die Tempelruinen geritzt, und viele andere haben es ihm gleichgetan. Heute ist die Cella gesperrt. Die hier gefundenen riesigen Kouros-Statuen, die jetzt im Athener Nationalmuseum ausgestellt sind, bezeugen die Bedeutung des Heiligtums in früharchaischer Zeit. Nach der Schlacht von Marathon gegen die Perser 490 v. Chr. begann man mit der Errichtung größerer Bauten auf aufgeschüttetem Gelände 60 m über dem Meeresspiegel. Der Poseidon-Tempel wäre demnach etwa zeitgleich mit dem Parthenon entstanden. Seine klassische dorische Anordnung von 6 x 13 Säulen und seine Ausmaße entsprechen dem Hephaistos-Tempel auf der Agorá. Von den ursprünglich 34 Säulen des Tempels stehen nur noch 15 aufrecht, einige finden sich quer über Europa verstreut. Statt der üblichen 20 Kanneluren beschränkte man sich hier auf 16. Der Marmor für den Tempel wurde in den nahe gelegenen Steinbrüchen des Agrileza-Tals gebrochen.

Das Heiligtum des Meeresgottes wies den Seglern den Weg, aber es diente auch als Kontrollpunkt: Von hier aus konnten die Athener die Einfahrt von der Ägäis in den Saronischen Golf überwachen. Der Poseidon-Tempel von Sounion ist tgl. bis Sonnenuntergang geöffnet. Eintritt 4 €, ermäßigt 2 €, im Winter So freier Eintritt.

Zurück nach Athen gelangt man am bequemsten über **Lavrio**, wobei man immer der Beschilderung nach Athen folgt. In Markópoulo führt die Schnellstraße auf die attische Autobahn (Mautgebühr 2,70 €), die bis nach Athen geht.

Noch ein Tipp: Im Sommer sind die Strände an Wochenenden überfüllt, die Preise höher und die Straßen häufig verstopft. Vielleicht haben Sie ja die Möglichkeit, auf andere Wochentage auszuweichen!

Spaß und Spiel an den zahlreichen Stränden direkt vor Athens Haustür.

Wanderung rund um das Kloster Kaisianí und den Hymettos 👫

Charakteristik: Kunst- und Naturerlebnis am Rande der Großstadt; **Dauer:** entspannter Halbtagesausflug; **Anfahrt:** mit dem Taxi oder Bus 224 ab Vasilisis Sofias gegenüber vom Krankenhaus Evangelismós bis Endhaltestelle. Von dort 30 Minuten Fußweg oder mit dem Taxi zum Kloster. **Öffnungszeiten:** Das Kloster ist zurzeit wegen Renovierung geschl., der Ausflug in dieses Naherholungsgebiet ist dennoch lohnenswert; **Eintritt:** 2 €. Für die Wanderung sind feste Schuhe nötig; **Einkehrmöglichkeit:** Raststätte an der Hauptstraße hinter dem Kloster; **Karte:** ---> S. 89

Das Kloster liegt nur 5 km von Athen entfernt, aber es entführt den Besucher in eine andere Welt, idyllisch in Zypressen eingebettet am Hang des Hymettos. Auf einem Hügel oberhalb des Klosters entspringt der Ilissos, der Aphrodite heilig war. Der Sage nach hatte sie hier einen Tempel, an dessen Stelle um 1000 die Klosterkirche errichtet wurde. Die vier Säulen, die die Kuppel stützen, sollen antik sein. Das Katholikon ist eine Kreuzkuppelkirche von harmonischen Dimensionen. Das Kloster erlebte eine Blütezeit um 1300, es besaß eine berühmte Bibliothek. Die Anlage mit dem Refektorium (Trapeza), den Mönchszellen, dem Badehaus, der großen Küche und einer Bäckerei ist um einen Klosterhof und die Klosterkirche gruppiert. Im 17. Jh., also während der Türkenherrschaft, wurde die Kirche um den Narthex und die Kapelle des Hl. Antonius erweitert. Das byzantinische Badehaus aus dem 11. Jh. wandelte man in eine Ölmühle um, die Mühlsteine kann man noch heute sehen. 1682 beauftragte der Athener Nikolaos Venizelos den peloponnesischen

Ikonenmaler Ioannis Hypatos mit der Ausmalung der Kirche, die im 18. Jh. abgeschlossen war. An der Ostseite des Klosters befindet sich an der Außenmauer ein Wasserspeier in Form eines marmornen Widderkopfes, dem Heilung bei Unfruchtbarkeit zugeschrieben wird – ein Relikt aus aphrodisischen Zeiten? Einst ließ Kaiser Hadrian eine Wasserleitung von der Quelle nach Athen legen, heute ist sie nur noch ein dünnes Rinnsal.

Der im Folgenden beschriebene Rundwanderweg beginnt am Kloster und dauert ca. 2 Stunden. Am schönsten ist er zur Blütezeit im Frühling, im Sommer sollte man möglichst früh aufbrechen, um der Mittagshitze zu entgehen. Ein kurzer ausgeschilderter Spaziergang führt zunächst in südwestlicher Richtung zum Taxiarches-Hügel. Hier befinden sich die

Eine Oase der Ruhe: das Kloster Kaisianí am Hymettos.

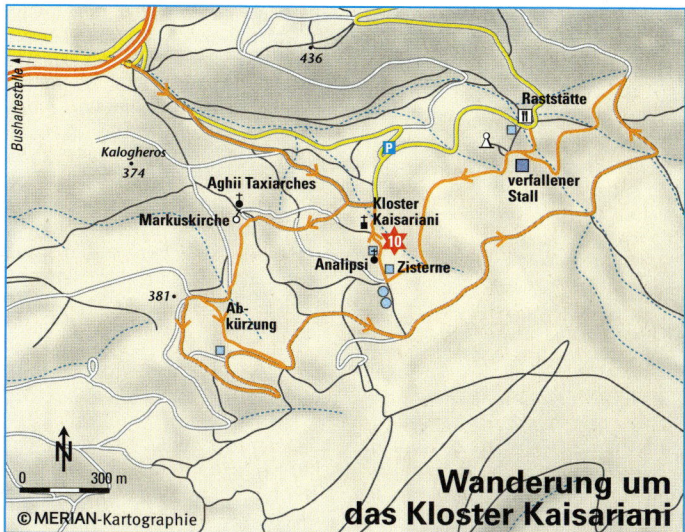

Wanderung um das Kloster Kaisariani

Fundamente einer frühchristlichen Basilika sowie die Reste der Markuskirche aus der Frankenzeit und eine orthodoxe Kirche. An diesem stimmungsvollen Ort bietet sich ein großartiger Ausblick auf die Stadt Athen, die Akropolis, Piräus, den Saronischen Golf und die Insel Salamis.

Nun folgt man dem Schild »Byron« auf einem kleinen Fußweg und läuft an der Wegkreuzung links den Schotterweg hoch. Rechter Hand schweift der Blick auf das neue Olympiastadion. An der nächsten Wegkreuzung geht man entweder dem Schild »Kalopoula« oder, wer abkürzen möchte, dem griechischen Schild »adiexodo« (bedeutet »Sackgasse«, betrifft aber nur Autos) nach. Der Panoramaweg bietet herrliche Ausblicke auf die Stadt und den Wald. Nach ca. 30 Minuten erkennt man links den Campus der Universität. In der »Panepistimioúpolis« sind die naturwissenschaftlichen Fakultäten, das Rechenzentrum, Mensen und Studentenwohnheime untergebracht. Man bleibt auf dem Schotterweg, und nach

weiteren 30 Minuten sieht man linker Hand an einem Zaun zwei gemauerte Steinblöcke. Hier biegt man auf einen schmalen, schattigen Fußweg ein. Es geht meist immer bergab, bis man auf einen kleinen verfallenen Stall mit einem Ofen stößt. 10 m dahinter führt rechter Hand der Weg zu einem Rastplatz im Wald. Die Waldraststätte jenseits der Straße ist täglich geöffnet und hat leichte Tagesgerichte und ausgezeichnete Spinattaschen (spanakopitta) im Angebot. Der Weg zum Kloster verläuft entweder an der Straße entlang oder (viel schöner!) zunächst wieder zurück Richtung Stall. Diesmal geht man den Weg weiter, biegt gleich links auf einen schönen, meist ebenen Fußweg ab. An einer Zisterne biegt man rechts ab, steigt fünf Stufen hinunter und folgt dem nächsten Weg links abwärts, der zur Analipsi-Kapelle führt, die Unmengen von Ikonen aufweist. An der nächsten Zisterne führen rechts Stufen hinunter in Richtung eines Marmordenkmals und des gepflasterten Wegs zurück zum Kloster.

Schiffsausflug nach Ägina 👫

Charakteristik: Abstecher in die Inselwelt; **Dauer:** Tagesausflug; **Anfahrt:** Metro-Linie 1 nach Piräus (Endstation). Im Sommer stdl. Fähren/Schnellboote nach Ägina von der Anlegestelle Plateia Karaiskaki; **Einkehrmöglichkeit:** Café am Afaia-Tempel, Taverne Klimataria im Hauptort, Ecke Ireioti/Lada, Tel. 22 97 02 59 68; **Karte:** ⟶ **Umschlagkarte hinten**

Die Inseln des Saronischen Golfes sind ein beliebtes Wochenendziel der Athener. In wenigen Stunden befindet man sich in einer völlig anderen Welt. Ägina, die Pistazienreiche, Poros, die Grüne, Hydra, die Mondäne, Salamis, die Klassische, Spetses, die Revolutionäre – jede Insel hat ihren eigenen Charakter. Bei einer eintägigen Kreuzfahrt lernt man drei oder vier Inseln im Schnellverfahren kennen (Informationen in Reisebüros). Für einen nachhaltigeren Eindruck sollte man lieber einen Tag pro Insel einkalkulieren und früh aufbrechen. Bei Ankunft in Ägina-Stadt führt linker Hand ein fünfminütiger Spaziergang an Fischtavernen vorbei zum **Kap Kolonna**. Der Ort war seit der Jungsteinzeit besiedelt. Aufgrund seiner exponierten Lage kam ihm in der Bronzezeit eine wichtige Funktion als Handelszentrum zu. Auf dem Hügel errichtete man ein Apollo-Heiligtum, von dem mittlerweile nur noch eine einzige Säule erhalten ist. Seehandel und Fischerei, aber auch Landwirtschaft machten das antike Ägina reich. Nach der Eroberung Äginas durch Athen in den Jahren 459/458 v. Chr. verlor die Insel an Bedeutung. Nach 210 v. Chr. kam Ägina in den Besitz der Könige von Pergamon. Der Ort wurde erst am Ende des 10. Jh. n. Chr. aufgegeben (Ausgrabungsstätte und Museum tgl. außer Mo 8.30–15 Uhr; Eintritt 3 €).

Auf dem Weg zurück trifft man noch vor der Hafenmole auf die zentrale Busstation und löst eine Fahrkarte nach **Agios Nektarios**. Die kurze Busfahrt führt auf hügeligem Weg durch Pistazienplantagen. Die Pistacia vera, nicht zu verwechseln mit der Pistacia terebinthus, die das Terpentin liefert, wurde vor 150 Jahren angesiedelt. Sie ist das einzige noch bedeutende landwirtschaftliche Erzeugnis der Insel. Sie wird nach ganz Griechenland geliefert, schließlich sind die Griechen emsige Knabberer: Mandeln, getrocknete Kichererbsen, Sonnenblumenkerne und eben auch Pistazien werden bevorzugt zum Kaffee gereicht. Im Landesinneren liegt die riesige Klosteranlage Agios Nektarios, wo häufig Taufen stattfinden. An der modernen Kirche vorbei führt ein steiler 30-minütiger Spaziergang zur verfallenen Siedlung von **Palaiochóra**. Als die Piraten die Küste wiederholt angriffen, gründete man im 9. Jh. diesen Ort an erhöhter Stelle. Nach und nach entstanden immer mehr Häuser und mit ihnen byzantinische Kirchlein, für jeden Tag des Jahres eine, sagt man. 28 Kirchen sind übrig geblieben, die man am Vormittag besichtigen sollte, wenn man einen Blick hineinwerfen und Reste der schönen Wandmalereien bewundern möchte. Die Kirchen halten sich – so scheint es wenigstens – mit letzter Kraft am Felsen fest. Der Rundgang durch die versunkene Stadt über Treppenwege, begleitet nur vom Summen der Zikaden, ist ein romantisches Erlebnis!

Zurück an der Agios Nektarios-Kirche kann man in der gemütlichen Taverne auf den Bus warten, der einen dann zum **Aphaia-Heiligtum** bringt. Friedlich liegen die Ruinen in einem Pinienhain, von dem der Blick über die Bucht von Agia Marina gleitet (tgl. 8.15–19 Uhr; Eintritt 4 €).

In der geometrischen und archaischen Epoche diente der griechische Tempel als Aufbewahrungsstätte für das Kultbild. Mit seiner Größe wuchs auch der Tempel und mit ihm das Dekor. Als Vorbild diente das mykenische Megaron, ein rechteckiges Haus mit Satteldach, vor dem eine offene, durch eine oder zwei Säulen gestützte Halle lag. Ursprünglich waren alle Tempel aus Holz gebaut, erst mit Beginn der archaischen Periode benutzte man Stein. Aus der unterschiedlichen Gestaltung der einzelnen Bauelemente (Fundament, Säulen, Wände, Gebälk) entwickelten sich die drei Stilordnungen dorisch, ionisch, korinthisch. Der dorische Stil galt den Griechen als der männlichste, und ihn wählten sie um 500 v. Chr. für die Errichtung des Aphaia-Tempels auf einer künstlich aufgeschütteten Terrasse. Wie alle griechischen Tempel ist er »orientiert«, also nach Osten ausgerichtet. Der hier verehrten Nymphe Aphaia war bereits in der Bronzezeit eine Kultstätte, wohl ein Naturheiligtum, errichtet worden. Später gesellte sich Athena zu Aphaia, sodass nun ein Doppelkult bestand. Von den ursprünglich 32 Säulen sind noch 24 erhalten. Vor dem Tempel stand auf einer frei stehenden Säule eine marmorne Sphinx, die im erwähnten archäologischen Museum von Ägina zu sehen ist. Neben dem Fundament der Säule blickt man noch heute in die runde Öffnung einer tief in den Felsen gegrabenen Zisterne. Sie wurde durch Regenwasser gespeist, das vom Dach in eine Rinne floss und zur Zisterne geleitet wurde. Um 470 v. Chr. schlug der Blitz in den Ostgiebel ein. Die dabei beschädigten Skulpturen wurden im Tempelbezirk vergraben, wo sie bei einer englisch-bayerischen Ausgrabungskampagne 1811 wiederentdeckt wurden. Kronprinz Ludwig kaufte die Giebelskulpturen, zusammen mit anderen Bildwerken von der Insel, und ließ sie in der neu errichteten Glyptothek in München aufstellen, wo sie noch heute zu besichtigen sind.

Gegenüber dem Tempelbezirk befindet sich ein charmantes Self-Service-Café, das zu einer kleinen Pause geradezu einlädt. Anschließend folgt man der Asphalt-Straße abwärts und stößt vor der Kreuzung rechter Hand auf einen Fußweg (nur mit festem Schuhwerk begehbar), der in ca. 25 Minuten zum längsten Sandstrand der Insel, **Agia Marina**, führt. Dieser ist auch für Kinder geeignet. Nach einem erfrischenden Bad fährt am Nachmittag der Bus zurück in die Stadt Ägina (ca. 1,50 €). Vor Abfahrt des Schiffes sollte man nach Möglichkeit ein wenig Zeit einplanen für einen Bummel durch den hübschen Hauptort der Insel.

Klassizistische Häuser säumen die Hafenpromenade von Ägina.

Wissenswertes über Athen

Das Netz der Athener Untergrundbahn ist gut ausgebaut und erleichtert dem Athen-Besucher das Sightseeing. Im Bild die U-Bahn-Station Omónia, einer der Verkehrs-knotenpunkte der Stadt, mit dem Kunstwerk »The Tail«.

Anreise, Auskunftsstellen, Buchtipps, öffentliche Verkehrsmittel – das Wichtigste für die Entdeckung Athens steht auf den folgenden Seiten: aktuell recherchiert und kompakt formuliert.

Jahreszahlen und Fakten im Überblick

Die Anfänge Athens liegen im Dunkel der Geschichte. Archäologische Funde weisen auf eine Besiedlung seit dem 3. Jahrtausend v. Chr.

Um 1550 v. Chr.
Erbauung einer Burg und einer Siedlung an der Stelle der Akropolis.

Im 13. Jh. v. Chr.
werden – der Sage nach vom attischen Staatsgründer Theseus – 12 Orte zu einer Stadt vereinigt. In den folgenden Jahrhunderten regieren zunächst Könige, dann erbliche und später gewählte Herrscher (Archonten) die Stadt. Außerdem besteht eine Volksversammlung und ein Adelsrat.

622 v. Chr.
Die (erstmals schriftlich fixierten) äußerst harten Gesetze des Archonten Drakon führen zu Unruhen, die

598 v. Chr.
durch die Gesetze des Solon ein Ende finden. Die Bevölkerung wird in vier Vermögensklassen eingeteilt. Neben den die Stadt regierenden Archonten wird eine zweite, aus den ersten beiden Klassen gebildete Versammlung von 400 Mitgliedern gebildet. Ferner besteht der Areopag, welcher die Oberaufsicht über alle Staatsangelegenheiten führt.

561 v. Chr.
Peisistratos ergreift mithilfe der untersten Klasse die Macht und errichtet eine Tyrannis.

510 v. Chr.
Es beginnt eine Periode der Demokratie (Volksherrschaft). Deren bedeutendste Staatslenker sind Militades (um 550–489), Themistokles (um 525 – um 460) und Perikles (um 500 – 429).

Ca. 500–300 v. Chr.
In dieser klassischen Zeit der attischen Kultur leben und wirken in Athen hervorragende Dichter wie Aischylos, Sophokles, Euripides und Aristophanes, Philosophen wie Sokrates, Platon und Aristoteles, vorzügliche Geschichtsschreiber wie Herodot, Thukydides und Xenophon sowie als berühmtester Bildhauer Phidias.

490–449 v. Chr.
Athen führt Krieg gegen die Perser.

490 v. Chr.
Die Athener siegen in der Schlacht bei Marathon.

431–404 v. Chr.
Peloponnesischer Krieg: In den Kämpfen gegen die Spartaner ist Athen am Ende unterlegen.

338 v. Chr.
Athen (damals ca. 165 000 Einwohner) gerät unter die Herrschaft der mazedonischen Könige.

146 v. Chr.
Athen wird römische Provinz.

53
Apostel Paulus in Athen.

Um 130
Besuche des Kaisers Hadrian in Athen. Das Hadrianische Bauprogramm wird initiiert.

267
Athen wird von außer-griechischen (»barbarischen«) Kriegshorden erobert und geplündert.

395
Bei der Teilung des römischen Imperiums wird Athen dem Ostreich (Byzanz) zugeschlagen.

396
Die Westgoten unter Alarich nehmen Athen ein.

529
Kaiser Justinian lässt die Redner- und Philosophenschulen Athens schließen und verbietet den heidnischen Kult.

Im 13. Jh.
steht Athen unter der Herrschaft von Grafen aus west- und südeuropäischen Geschlechtern, bis es

1456
von den Türken erobert wird.

1687
bemächtigen sich die Venezianer der Stadt. Der Parthenon-Tempel wird bei einer Explosion zerstört. Bereits

1690
wird Athen von den Türken zurückerobert. Ganz Griechenland bleibt unter der Herrschaft der Hohen Pforte bis zum griechischen Aufstand Anfang des 19. Jh.

1822
Athen (damals nur 2000 Einwohner) wird von den Griechen eingenommen, doch

1826/27
von den Türken zurückgewonnen und erst

1833
von der türkischen Besatzung endgültig geräumt.

1834
Athen wird Hauptstadt und Residenz von Otto I. aus dem Hause Wittelsbach, des ersten Königs des neu geschaffenen griechischen Staates.

1896
In Athen (jetzt ca. 112 000 Einwohner) finden die ersten Olympischen Spiele der Neuzeit statt.

1922
Nach der verheerenden militärischen Niederlage der Griechen gegen die Türken kommt es zu einem Bevölkerungsaustausch. 1,8 Mio. griechische Flüchtlinge aus Kleinasien strömen nach Griechenland, ein großer Teil nach Athen.

1940
Der italienische Angriff auf Griechenland wird abgewehrt.

1941
Athen wird von den Achsenmächten besetzt und

1944
von den Alliierten befreit.

1945–49
Bürgerkrieg in Griechenland. Mitglieder linker Widerstandsgruppen liefern sich Kämpfe mit dem Regierungsheer. Den Traumata folgen nachhaltige gesellschaftliche Konflikte.

17.11.1973
Studierende des Polytechneions skandieren »Brot, Erziehung, Freiheit!«. Ihr Protest wird von der seit 1967 regierenden Militärjunta blutig niedergeschlagen.

1974
kehrt eine demokratische Regierung zurück. In einer Volksabstimmung wird die Monarchie abgeschafft.

1981
Griechenland wird EG-Mitglied.

01.01.2001
Griechenland tritt der Eurozone bei.

2008
Eröffnung des neuen Akropolis-Museums nach jahrelangen kulturpolitischen Debatten. Griechenland erhofft sich die Rückkehr der Parthenon-skulpturen (sog. »Elgin-Marbles«) aus London.

Nie wieder sprachlos

Sprachführer

Das Neugriechische wird mit den 24 Buchstaben des altgriechischen Alphabets geschrieben, von denen viele aus der Mathematik und Physik bekannt sind. Die neugriechische Rechtschreibung ist im Wesentlichen historisch, d.h., Wörter werden so geschrieben, wie es aus dem Altgriechischen überliefert ist. Im Laufe der Jahrhunderte hat sich aber der Lautwert vieler Buchstaben geändert, so dass Rechtschreibung und Lautwert voneinander abweichen.

Eine Übersicht zum griechischen Alphabet finden Sie auf S. 109. Nachfolgend sind alle griechischen Worte in Lautschrift wiedergegeben.

Wichtige Wörter und Ausdrücke

ja	*nä*
nein	*óchi*
vielleicht	*íssos*
bitte	*parakaló*
danke	*efcharistó*
Wie bitte?	*Oríste?*
und	*kä*
Ich verstehe nicht.	*Den katala-wéno.*
Entschuldigung	*Signómi*
Guten Morgen	*Kaliméra*
Guten Tag	*Kaliméra*
Guten Abend	*Kalispéra*
Gute Nacht	*Kaliníchta*
Hallo	*jássas*
Ich heiße	*Mä léne...*
Ich komme aus...	*Íme ápo...*
Wie geht's?	*Ti kánete?*
gut	*kalá*
Okay, in Ordnung	*en dáxi*
wer, was?	*pjoss, ti?*
Wie viel?	*Pósso?*
Wo ist...?	*Pu íne...?*
Wann?	*Póte?*
Wie lange?	*Possón keró?*
stündlich	*káthe óra*
täglich	*káthe méra*
Sprechen Sie Deutsch?	*Miláte jermaniká?*
Auf Wiedersehen	*adío, jassas*
Wie wird das Wetter?	*Poss tha íne o keróss?*
heute	*símera*
morgen	*áwrio*

Zahlen

eins	*énas/mía/éna*
zwei	*dío*
drei	*tris/tría*
vier	*tésseris/téssera*
fünf	*pénde*
sechs	*éksi*
sieben	*eftá*
acht	*októ*
neun	*enéa*
zehn	*déka*
20	*íkossi*
30	*tríanda*
40	*saránda*
50	*penínda*
60	*eksínda*
70	*efdomínda*
80	*okdónda*
90	*enenínda*
100	*ekató*
1000	*chíljes*
10 000	*dékachiljádes*
100 0000	*éna ekatomírio*

Wochentage

Montag	*deftéra*
Dienstag	*tríti*
Mittwoch	*tetárti*
Donnerstag	*pémpti*
Freitag	*paraskewí*
Samstag	*sáwato*
Sonntag	*kiriakí*

Mit und ohne Auto unterwegs

Wie weit ist es nach...?	*Pósso makriá ine ja...?*
Wie kommt man nach...?	*Poss bóro na páo ja...?*
Wo ist...?	*Pu íne...?*
die nächste Werkstatt	*ena sinerjío edó kondá*
der (Bus-)Bahnhof	*o stathmós (leoforíon)*
eine U-Bahn	*énas stathmós tu metrú*
der Flughafen	*to aerodrómio*

die Touristen-information	*to praktorío turistikón pliro-foríon*
die nächste Bank	*mía trápesa edó kondá*
die nächste Tank-stelle	*éna wensinádi-ko edó kondá*
Ich möchte...	*Tha íthela...*
Ich will...	*Thélo...*
Wissen Sie...?	*Ksérete...?*
Haben Sie...?	*Échete...?*
Wo finde ich...	*Pu íne edó...*
– einen Arzt	*– énas jatrós*
– eine Apotheke	*– éna farmakío*
Bitte voll tanken!	*Jemíste, para-kaló.*
Normalbenzin	*wensíni aplí*
Super	*supér*
Diesel	*petrélio*
bleifrei	*amóliwdi*
rechts/links/geradeaus	*deksjá/aristerá/efthía*
Ich möchte ein...mieten	*Thélo na nikjásso*
Auto/ein Fahrrad	*ena aftokínito/éna podilato*
Wir hatten einen Unfall.	*Íchame éna atíchima.*
Eine Fahrkarte nach ... bitte	*Éna issitírjo ja ... parakaló*
Ich möchte wechseln...	*Thélo na alákso*

Hotel

Ich suche ein Hotel	*Psáchno éna ksenodochío*
Zimmer	*domátjo*
– für 2/3/4 Per-sonen	*– ja dío/tría/téssera átoma*
Haben Sie ein Zimmer frei	*Échete éna do-mátjo eléfthero*
– für eine Nacht	*– ja mía níchta*
– für zwei Tage	*– ja dío méres*
– für eine Woche	*– ja mía ewdo-máda*
Ich habe ein Zim-mer reserviert	*Éklissa éna domátjo*
– mit Frühstück	*– mä pro-i-nó*
– mit Halbpension	*– mä éna jéwma*
Kann ich das Zimmer sehen?	*Boró na to do?*
Ich nehme es!	*To pärno.*

Kann ich mit Kredit-karte zahlen?	*Boró na plirós-so mä pistotikí kárta?*
Haben Sie noch Platz für ein Zelt/einen Wohnwagen?	*Ipárchi akóma méros ja mía skiní/éna tro-chóspito?*

Im Restaurant

Die Speisekarte bitte.	*Ton katálogo, parakaló.*
Die Rechnung bitte.	*Ton logarjas-mó, parakaló.*
Alles zusammen, bitte.	*Óla masí, parakaló.*
Ich hätte gern einen Kaffee.	*Tha íthela éna kaffé.*
Ist dieser Platz noch frei?	*Íne eléftheri aftí í thési?*
Wo sind die Toiletten?	*Pu íne i tualéttes?*
Damen/Herren	*jinékes/ándres*
Kellner	*garssón*
Frühstück	*pro-i-nó*
Mittagessen	*jéwma*
Abendessen	*dípno*

Einkaufen

Wo gibt es...?	*Pu échi/pu ipárchi...?*
Haben Sie...?	*Échete...?*
Wie viel kostet das?	*Pósso káni/pósso kostísi?*
Das ist sehr teuer.	*Íne polí akriwó.*
Geben Sie mir bitte	*Dóste mu, sas parakaló*
100 g/ein Pfund/ein Kilo	*ekató gramária/mísso kiló/éna kiló*
Danke, das ist alles.	*Aftá, efcharistó.*
geöffnet	*aniktó*
geschlossen	*klistó*
Bäckerei	*artopiío/fúrnos*
Metzgerei	*kreopolío*
Lebensmittel-geschäft	*pandopolío/míni-márket*
Briefmarken	*grammatóssima*
für einen Brief/eine Postkarte	*ja éna grámma/ja mía kárta*
nach Deutschland/	*ja ti jermanía/*
Österreich/	*ja tin afstría/*
in die Schweiz	*ja tin elwetía*

Die wichtigsten kulinarischen Begriffe

A

achinosaláta (αχινοσαλάτα):
Seeigel-Salat
achládi (αχλάδι): Birne
aláti (αλάτι): Salz
arnáki (αρνάκι): Lamm
arní (αρνί): Hammel
– me patátes (με πατάτες):
mit Kartoffeln
– me piláfi (με πιλάφι): mit Reis
áspro krassí (άσπρο κρασί):
Weißwein
astakós (αστακός): Hummer
awgó, awgá (αυγό, αυγά): Ei, Eier

B

bakaljáros (μπακαλιάρος):
Stockfisch
baklavás (μπακλαβάς): Süßspeise
aus Blätterteig mit Nüssen, Mandeln, Pistazien und Honig
bámjes (μπάμιες): Okraschoten
barbúnia (μπαρμπούνια): Rot-
barben
bugátsa (μπουγάτσα): süßes
Blätterteiggebäck mit Sahne oder
Creme gefüllt
briám (μπριάμ): in Olivenöl gekochtes Gemüse
brisóla (μπριζόλα): Kotelett
(Rind oder Schwein)

C

chirinó (χοιρινό): Schwein
choriátiki (χωριάτικη): Bauernsalat
mit Schafskäse
chórta (χόρτα): (gekochtes) Grün-
gemüse
chtapódi xidáto (χταπόδι ξυδάτο):
marinierter Oktopussalat

D

*diáfora orektiká (διάφορα
ορεκτικά):* gemischte Vorspeisen
dolmádes (ντολμάδες): mit Reis,
(selten mit) Hackfleisch gefüllte
Weinblätter
domatósupa (ντοματόσουπα):
Tomatensuppe

dsadsíki (τζατζίκι): Joghurt mit
geriebener Gurke, Knoblauch,
Zwiebeln und Olivenöl

E

eljés (ελιές): Oliven
ellinikós (ελληνικός): griechischer
Kaffee (Mokka)

F

fassoláda (φασολάδα): Bohnen-
eintopf
fassólja (φασόλια): Bohnen
fáwa (φάβα): gelbes Linsenpüree
féta (φέτα): weißer Schafskäse
fráules (φράουλες): Erdbeeren
frúta (φρούτα): Obst

G

gála (γάλα): Milch
gígandes (γίγαντες): Saubohnen
gíros (γύρος): Geschnetzeltes vom
Drehspieß
gliká (γλυκά): Süßspeisen
glóssa (γλώσσα): Seezunge

J

*jaúrti ajeládos (γιαούρτι
αγελάδος):* Joghurt aus Kuhmilch
– prówjo (πρόβειο): aus Schafs-
milch
jemistá (γεμιστά): mit Reis (und ggf.
Hackfleisch) gefüllte Tomaten und
Paprikaschoten

K

kafés (καφές): Kaffee
– glikós (γλυκός): süß
– métrios (μέτριος): leicht gesüßt
– skéttos (σκέτος): ungesüßt
kalamarákja (καλαμαράκια): Tinten-
fische
karpúsi (καρπούζι): Wassermelone
kefalotíri (κεφαλοτύρι): Hartkäse
keftédes (κεφτέδες): Hackfleisch-
kugeln
kléftiko (κλέφτικο): im Backofen
geschmortes Lammfleisch mit
Gemüse

kokkinistó (κοκκινιστό): mit Tomaten gekochtes Fleisch
kókkino krassí (κόκκινο κρασί): Rotwein
kokorétsi (κοκορέτσι): am Spieß gegrillte Innereien
kolokithákia (κολοκυθάκια): Zucchini
kotópoulo (κοτόπουλο): Huhn
krassí (κρασί): Wein
– *chíma (χύμα):* offener Wein
kréas (κρέας): Fleisch

L
lachaniká (λαχανικά): Gemüse
lachanosaláta (λαχανοσαλάτα): Krautsalat
ládi (λάδι): Öl
lemóni (λεμόνι): Zitrone
lukániko (λουκάνικο): Bratwurst

M
marúli (μαρούλι): Romanasalat
marídes (μαρίδες): Sardellen, die frittiert mit Gräten, Kopf und Schwanz verzehrt werden
méli (μέλι): Honig
melitsánes (μελιτζάνες): Auberginen
melitsanosaláta (μελιτζάνο-σαλάτα): kaltes Auberginenpüree
mesédes (μεζέδες): Vorspeisen
mílo (μήλο): Apfel
moschári (μοσχάρι): Kalb
mussakás (μουσακάς): Auberginenauflauf mit Hackfleisch, Kartoffeln und einer Béchamel-Sauce

N
neró (νερό): Wasser
nescafé (νέσκαφέ): Instant-Kaffee
– *frappé (φραπέ):* kalt
– *sestó (ζεστό):* heiß

O
orektiká (ορεκτικά): Vorspeisen
oúzo (ούζο): Anisschnaps

P
païdákja (παϊδάκια): gegrillte Lammkoteletts
pastítsio (παστίτσιο): aus Nudeln,

Hackfleisch und Tomaten geschichteter Auflauf
patátes (πατάτες): Kartoffeln
– *tiganités (τηγανιτές):* Pommes frites
piláfi (πιλάφι): Reis, Risotto
pipéri (πιπέρι): Pfeffer
portokáli (πορτοκάλι): Orange
psári, psárja (ψάρι, ψάρια): Fisch, Fische
psomí (ψωμί): Brot

R
rísi (ρύζι): Reis
rodákino (ροδάκινο): Pfirsich

S
sáchari (ζάχαρη): Zucker
saganáki (σαγανάκι): gegrillter oder überbackener Käse
saláta (σαλάτα): Salat
sardélles (σαρδέλες): eingelegte Sardellen, kalte Vorspeisen
simariká (ζυμαρικά): Teiggerichte, auch Pasta
skórdo (σκόρδο): Knoblauch
spanáki (σπανάκι): Spinat
spanakópita (σπανακόπιτα): mit Spinat gefüllter Blätterteig
stifádo (στιφάδο): eine Art Gulasch aus Rindfleisch oder Hase mit Zwiebeln
sudtsukákja (σουτζουκάκια): Hackfleischbällchen in Sauce
súpa awgolémono (σούπα αυγολέμονο): Fisch- oder Fleischbrühe mit Reis, Eiern und Zitrone
suwláki (σουβλάκι): Fleischspießchen

T
taramosaláta (ταραμοσαλάτα): Fischrogenpüree
tirópitta (τυρόπιτα): Käsetasche
tirí (τυρί): Schafskäse
tis scháras (της σχάρας): vom Grill
tónnos (τόνος): Tunfisch
tsipúra (τσιπούρα): Dorade

W
wodinó (βοδινό): Rind
wútiro (βούτυρο): Butter

Nützliche Adressen und Reiseservice

ANREISE

Mit dem Flugzeug
Im Linienflugverkehr ist Athen ganzjährig mehrmals täglich zu erreichen, die Preise variieren je nach Saison. Eine zuverlässige griechische Fluggesellschaft ist Aegean Airlines, ein Kooperationspartner der Lufthansa. Von Berlin, Köln und Stuttgart fliegen Easyjet und Germanwings in die griechische Hauptstadt. Der nach dem ehemaligen Ministerpräsidenten Eleftherios Venizelos benannte Flughafen liegt rund 30 km östlich in Spáta. Es verkehren drei Busse in die Innenstadt: Bus E94 fährt im 10-Minuten-Takt von 6.15–23 Uhr bis zum Verteidigungsministerium (Ethniki Amyna), von dort Metro-Anschluss. Bus E95 fährt alle 20–30 Minuten rund um die Uhr zum Syntagma-Platz (Fahrtzeit ca. 60 Minuten), Bus E96 fährt ca. alle 20 Minuten vorbei an Voula, Glyfada und am ehemaligen Flughafen nach Piräus (Endhaltestelle Hafen, Fahrtzeit ca. 1,5 Stunden). Der Fahrpreis beträgt 3,20 €. Die Metro Linie 2 verbindet den Flughafen mit der Innenstadt alle 30 Minuten (Einzelticket: 6 €, Abfahrt vom Flughafen zur jeweils halben und vollen Stunde), ist jedoch vorraussichtlich bis Nov. 2008 wegen Bauarbeiten nicht nutzbar. Ein Vorstadtzug (»proastikos«) verbindet den Flughafen mit dem Larissis-Bahnhof. Für eine Taxifahrt in die Innenstadt muss man inkl. Gepäckzuschlag und Mautgebühr rund 30 € rechnen.

Aegean Airlines
Tel. 80 11 12 00 00; www.aegeanair.com
Austrian Airlines (OS)
Vouliagmenis Avenue 18, Glyfada;
Tel. 21 09 60 12 40;
www.austrianairlines.gr
Easyjet
Tel. 21 03 53 03 00; www.easyjet.com
Germanwings
Tel. 21 09 69 64 16;
www.germanwings.com;
Lufthansa (LH)
Ziridi 10, Marousi; Tel. 21 06 17 52 00;
www.lufthansa.gr
Olympic Airways (OA)
Filellinon 15, (Syntagma), Tel.
21 09 66 66 66; www.olympicairlines.com
Swiss
Tel. 2106175320; Eleftherios Venizelos
Flughafen, Zentrale Tel. 3 53 00 00;
www.aia.gr

Mit dem Zug
Die Fahrtzeit von München nach Athen über Zagreb beträgt 37,5 Stunden mit Umsteigen in Salzburg, Zagreb und Thessaloniki. Ankunftsbahnhof in Athen ist Stathmos Larissis (Informationen unter Tel. 21 05 29 88 37 und www.ose.gr oder www.bahn.de).

Mit dem PKW und dem Schiff:
Wer mit dem eigenen Auto nach Griechenland reisen (und die lange Fahrt über den Balkan vermeiden möchte), schifft sich am besten in Venedig, Ancona oder Bari bis Patras (19 bzw. 15,5 Stunden) oder Igoumenitsa (15 bzw. 9,5 Stunden) ein und fährt auf der Peloponnes über die Autobahn nach Athen (z. B. www.superfast.com, www.minoan.gr).

Die organisierten Reisen der Busveranstalter führen ebenfalls über den Seeweg von Italien.

Auf den griechischen Nationalstraßen sowie auf der Schnellstraße zum Flughafen ist eine Mautgebühr zu entrichten. Die Geschwindigkeitsbegrenzung für PKWs liegt auf den Nationalstraßen bei 120 km/h, auf den Landstraßen bei 80 km/h und innerhalb geschlossener Ortschaften bei 50 km/h. Griechenland führt die Verkehrsunfallstatistik in Europa an, besondere Vorsicht ist daher geboten. In der Athener Innenstadt ist der Verkehr seit Jahren eingeschränkt: Entsprechend den Monatstagen dürfen nur Autos mit geraden oder ungeraden Endziffern fahren. Aus diesem Grund haben sich viele Athener längst einen Zweitwagen angeschafft…

Im Innenstadtbereich gibt es (wenige) Parkhäuser und bewachte Parkplätze. Parkverstöße unterliegen hohen Geldstrafen mit eventueller Abnahme der Autokennzeichen, die gegen Zahlung der Strafgebühr bei der jeweiligen Polizeidienststelle ausgelöst werden.

Kein seltener Anblick: griechisch-orthodoxe Priester in ihren langen blauen oder schwarzen Gewändern.

– Neuer Wall 18, 20354 Hamburg;
  Tel. 0 40/45 44 98, Fax 45 44 04;
  E-Mail: info-hamburg@gzf-eot.de
– Pacellistr. 5, 80333 München;
  Tel. 0 89/22 20 35, Fax 29 70 58;
  E-Mail: info-muenchen@gzf-eot.de

In Österreich
Opernring 8, 1015 Wien;
Tel. 02 22/5 12 53 17, Fax 5 13 91 89;
E-Mail: grect@vienna.at

In der Schweiz
Löwenstr. 25, 8001 Zürich;
Tel. 0 44/2 21 01 05, Fax 2 12 05 16;
E-Mail: eot@bluewin.ch

In Athen
EOT ⋯≻ S. 115, F 7
Die griechische Fremdenverkehrszentrale EOT arbeitet nicht immer sehr effektiv und hat nur werktags bis 14 Uhr geöffnet. Stadtpläne und allerlei Prospekte werden gratis und großzügig verteilt. Eine EOT-Filiale gibt es auch am Flughafen in der Ankunftshalle (geöffnet Mo–Fr 9–20 Uhr, Sa und So 10–19 Uhr) sowie am

Auskunft
Die Griechische Fremdenverkehrzentrale sendet gerne Prospekte und Informationsmaterialien zu.
In Deutschland
– Wittenbergplatz 3a, 10789 Berlin;
  Tel. 0 30/2 17 62 62, Fax 2 17 79 65;
  E-Mail: info-berlin@gzf-eot.de
– Neue Mainzer Str. 22, 60311 Frankfurt a.
  M.; Tel. 0 69/2 27 82 70, Fax 25 78 27 29;
  E-Mail: info@gzf-eot.de

Amalias-Boulevard/Ecke Syntagma im Zentrum (tgl. 10–18 Uhr).
Tsocha 7; U-Bahn: Ampelokipoi;
Tel. 21 08 70 70 00; www.gnto.gr

BEVÖLKERUNG
Von den 11 Millionen Einwohnern Griechenlands leben knapp 4,5 Millionen im Ballungsraum Athen. Weitere vier Mio. Griechen bzw. deren Nachkommen leben nach Schätzungen im Ausland, die Hälfte davon in den USA.

Nach der Verfassung ist die griechisch-orthodoxe Kirche, zu der sich 98 % der Bürger bekennen, Staatskirche. Die ca. 150 000 Muslime in Thrakien haben offiziellen Minderheitenstatus, sie sind die Nachfahren jener Türken, die sich dem Bevölkerungsaustausch von 1922 verweigerten. Die 50 000 griechischen Katholiken leben vorwiegend auf den Kykladen und einigen Ionischen Inseln. Nur 20 000 Protestanten, meist Ausländer, leben in Griechenland.

BUCHTIPPS
Kommissar Charitos hat ein Faible für Souvlaki und Wörterbücher. Seine kniffligen Fälle beschreibt amüsant und lakonisch der Athener Erfolgsautor Petros Markaris. Einige seiner bei Diogenes verlegten Athen-Krimis wie **Hellas Channel**, **Der Großauktionär** oder **Live!** haben bei seinen zahlreichen Lesern längst Kultstatus erlangt.

Poetischer Athen-Führer (Athen-Attika-klassische Stätten). Griech./Dt., Hrsg. Gerhard Emrich. Eine Anthologie mit Texten bekannter und weniger bekannter griechischer Schriftsteller von der Antike bis in die Gegenwart führt den Leser auf eine Reise ins Griechenland von gestern und heute.

Weitere Athen-Geschichten von der Autorin des vorliegenden Reiseführers, Ellen Katja Jaeckel, erscheinen im Frühjahr 2009 in bibliophiler Ausgabe im Picus-Verlag Wien.

DIPLOMATISCHE VERTRETUNGEN
Deutsche Botschaft ····⟩ S. 114, D 8
Karaoli & Dimitriou 3; U-Bahn:
Evangelismos; Tel. 21 07 28 52 17,
Fax 21 07 25 12 05

Österreichische Botschaft
····⟩ S. 118, C 13
Vasilisis Sofias 4; U-Bahn: Evangelismos;
Tel. 21 08 25 72 40

Botschaft der Schweiz ····⟩ S. 114, E 8
Iasiou 2; U-Bahn: Evangelismos;
Tel. 21 07 23 03 64

EINKAUFEN
Die üblichen Ladenöffnungszeiten sind: 8.30–15 Uhr, Dienstag, Donnerstag, Freitag 8.30–14 und 17–20 Uhr. Im Sommer gelten erweiterte Ladenschlusszeiten bis 21 Uhr und Sa bis 18 Uhr. Diese Regelung wird nicht immer streng gehandhabt. Im Allgemeinen wird in kleinen Geschäften eine lange Mittagspause eingehalten. Supermärkte und Souvenirshops und damit die meisten Geschäfte in der Plaka sind rund um die Uhr geöffnet.

EINREISE
Griechenland hat das Schengener Abkommen unterzeichnet, sodass Ausweise nach der Ankunft aus einem EU-Mitgliedsstaat nicht mehr kontrolliert werden. Dennoch besteht Ausweispflicht. EU-Staatsbürger benötigen für einen Aufenthalt bis zu drei Monaten grundsätzlich einen nach Einreise noch drei Monate gültigen Reisepass oder Personalausweis, Kinder ab zehn Jahren einen Ausweis mit Lichtbild. Diese dürfen keinen Einreisevermerk oder -stempel von Nordzypern aufweisen.

FEIERTAGE
1. Januar: Feier des Heiligen Vassilios. Aus byzantinischer Zeit stammt der Brauch des Anschneidens der Vassilopitta, des Neujahrskuchens, in die eine Geldmünze oder Saubohne eingebacken ist.

6. Januar: Theophania-Tag (Dreikö-
nigsfeier). Nach altem Brauch wird in
Piräus die See geweiht und ein Kreuz
im Meer versenkt.

Kathara Deftera, Ende des Karnevals
und Beginn der Fastenzeit: 41 Tage
vor Ostern. In Athen wird der Karne-
val mit Umzügen, Musik-, Theater-
und Tanzvorführungen vor allem rund
um den Philópappos-Hügel gefeiert.

25. März: Griechischer Nationalfeier-
tag zur Erinnerung an den Beginn des
Freiheitskampfes gegen die Osmanen
am 25. März 1821. Militärparade in
der Innenstadt.

Ostern (Páscha): Der Termin wird anders als bei den Westkirchen nach
dem Julianischen Kalender festgelegt
und weicht teils beträchtlich ab. Das
höchste orthodoxe Fest fällt im Jahre
2009 auf den 19. April und 2010 auf
den 4. April. Feiertage sind Karfreitag,
Ostersonntag und Ostermontag. Am
Karfreitag-Abend wird in jeder Kirche
ein Epitaphios (Sarg Christi) mit
Blumen geschmückt und in einer
Prozession um die Kirche getragen.
Besonders reich geschmückt sind die
byzantinischen Kirchlein in der Plaka.
In der Nacht auf den Ostersonntag
wird das Osterlicht aus der Kirche mit
Kerzen nach Hause gebracht. Chris-
tós anésti: der Herr ist auferstanden:
Am Sonntag mittag isst man im Fami-
lienkreis das traditionelle Osterlamm.

An den Osterfeiertagen sind viele
Museen und Ausgrabungsstätten nur
halbtags oder gar nicht geöffnet.

1. Mai: Arbeiterfeiertag

Pfingsten: 50 Tage nach Ostern

15. August: Mariä Entschlafung

28. Oktober: Griechischer National-
feiertag zur Erinnerung an die Ableh-
nung des von Mussolini gestellten Ul-
timatums durch den General Metaxas
(»Ochi-Tag« = »Nein-Tag«) und an die
darauffolgende italienische Invasion
von 1940.

25./26. Dezember: Weihnachten

FOTOGRAFIEREN

In Museen ist Fotografieren ohne
Blitzlicht und Stativ für private
Zwecke grundsätzlich erlaubt.

Filme und Fotomaterial sind in
Griechenland teurer, man sollte sich
deshalb vor Reiseantritt ausreichend
eindecken. Militäranlagen, -fahrzeu-
ge und -personen dürfen nicht foto-
grafiert bzw. gefilmt werden. Bei Zu-
widerhandlung kann eine Gefängnis-
strafe drohen.

GELD

Seit dem 1. Januar 2002 gehört Griechenland zu den Ländern der Europäischen Währungsunion. Historische
Persönlichkeiten und mythologische
Motive sowie Schiffsmodelle zieren
die griechischen Euro-Münzen. Der

*Ob Teppiche in der Plaka oder Mode rund um den Syntagma-Platz: Die Auswahl ist
groß und die Versuchung dementsprechend ...*

Euro wird hier »Evró« ausgesprochen. Am einfachsten zieht man mit einer gültigen EC-Karte Geld aus Bankautomaten. Die Banken sind Mo–Do von 8–14, Fr von 8–13.30 Uhr geöffnet. Kreditkarten sind weit verbreitet.

Gottesdienste

Grundsätzlich kann jeder an den orthodoxen Liturgien in Kirchen und Klöstern teilnehmen. Allerdings sollte angemessene Kleidung getragen werden. Fotografieren und Filmen in den Innenräumen ist nur mit ausdrücklicher Genehmigung des zuständigen Priesters gestattet. Griechische Gottesdienste dauern oft mehrere Stunden, und es herrscht ein eifriges Kommen und Gehen, da kaum jemand die ganze Zeit bleibt.

Die Katholische Kathedrale befindet sich an der Ecke Omirou/Panepistimiou. Die Gottesdienstzeiten sind angeschlagen. Die deutschsprachige katholische Gemeinde befindet sich allerdings im nördlichen Vorort Kifisia (U-Bahn: Kifissiá). Kontakt: Deutschsprachige Katholische Gemeinde St. Michael, Pfarrer Hans Brabeck; Tel. 21 06 25 26 47.

Die deutsche evangelische Gemeinde trifft sich sonntags 9.30 Uhr zum Gottesdienst in der Christuskirche, Sina 68; U-Bahn: Panepistimio; Kontakt: Pfarrer Jürgen Henning; Tel. 21 03 61 27 13.

Internet

Webcafés schießen auch in Athen wie die Pilze aus dem Boden. Für eine Stunde Surfen werden im Durchschnitt 2 € berechnet (Stand 2008). Hier einige Adressen:

CAFÉ 4U ⋯⋯⟩ S. 114, B 7
Surfen, Scannen, Drucken rund um die Uhr.
Ippokratous 44; U-Bahn: Panepistimio

fastINTERNETpl@ka ⋯⋯⟩ S. 117, F 9
Telefonieren, Surfen, Faxen u.v.m. im Herzen der Altstadt.
Pandrosou 29; U-Bahn: Monastiraki

Nebenkosten in Euro	
1 Tasse Kaffee	2,50–4,00
1 Bier	2,00–6,00
1 Cola	2,00–3,50
1 Brot (ca. 500 g)	ca. 0,80
1 Schachtel Zigaretten	2,50–3,50
1 Liter Benzin	ca. 1,00
Fahrt mit öffentl. Verkehrsmitteln (Metroticket)	0,80
Mietwagen/Tag	ab ca. 50,00

Stand: April 2008

Museum Internet Cafe ⋯⋯⟩ S. 114, A 6
Patission 46, in der Nähe des Archäologischen Museums; 10–3 Uhr

Die meisten griechischen Websites haben auch englischsprachige Seiten.
www.culture.gr
Griechisches Kulturministerium mit zahlreichen Links zu Museen.
www.gnto.gr
Griechische Fremdenverkehrszentrale.
www.greekfestival.gr
Sommerfestspiele in Athen und Epidaurus.
www.ekathimerini.com
Die englische Ausgabe der seriösen Tageszeitung Kathimerini mit Veranstaltungskalender.

Kleidung

Die Athener legen Wert auf eine gepflegte äußere Erscheinung, was jedoch nicht heißt, dass sich Fremde genauso kleiden sollen. Bequeme Freizeitkleidung für den Tag wird überall akzeptiert. Für den Besuch von Kirchen und Klöstern wird angemessene Kleidung erwartet. Bis in den Mai kann es in Athen besonders an den Abenden empfindlich kalt sein, und die Hotels sind häufig nur notdürftig geheizt. Auch in den Sommermonaten sollte man auf einen leichten Pullover nicht verzichten. Wichtig ist bequemes Schuhwerk mit Gummisohlen, da viele Straßen hügelig und sehr glatt sind. Schützen Sie sich vor Sonnenbrand.

MEDIZINISCHE VERSORGUNG UND GESUNDHEIT

Auf Hygiene wird in allen Restaurants großen Wert gelegt. Ungeschältes Obst und Salate können ohne Bedenken gegessen werden. Auch das Leitungswasser ist von guter Qualität. Zwischen Deutschland und Griechenland besteht ein Sozialversicherungsabkommen. Die europäische Krankenversicherungskarte hat sich in der Praxis allerdings noch nicht durchgesetzt. Es empfiehlt sich der Abschluss einer privaten Auslandsreisekrankenversicherung. Die deutsche Botschaft hält Adressen deutschsprachiger Ärzte bereit. Arzneimittel sind in Griechenland billiger als in Deutschland.

NOTRUF

Erste Hilfe (SOS) 1 12
Polizei-Notruf 1 00
Feuerwehr 1 99
Ambulanz 1 66
Notarzt 10 16
Touristenpolizei 1 71
Auto-Panne 1 04
Auskunft 1 18 80

ÖFFENTLICHE VERKEHRSMITTEL

Das Netz der Athener Untergrundbahn (die auf der Linie 1 überirdisch fährt) wurde in den letzten Jahren ausgebaut und erleichtert das Leben der Großstädter ernorm. Dabei stießen die Bauarbeiter immer wieder auch auf archäologische Schätze, die z. g. T. an Ort und Stelle gelassen wurden. So ist die Metro mit ihren drei Linien auch ein Museum (Stationen Panepistimio, Syntagma, Akropolis). Ein 90 Minuten gültiger Fahrschein für Metro, Bus, Trolley oder Straßenbahn im Großraum Athen-Piräus kostet ab 1. Mai 2008 0,80 €, ab 1. Januar 2009 1 €. Für einen mehrtägigen Aufenthalt empfiehlt sich eine 7-Tages-Karte für 10 €. Eine Tageskarte kostet 3 €. Kinder unter 6 Jahren fahren kostenlos. Fahrscheine sind an Kiosken und in den Metrostationen, nicht aber im Bus erhältlich. Metro, Trolley und Busse verkehren von 5 Uhr morgens bis Mitternacht, die Metro am Wochenende bis 2 Uhr, danach muss man auf das Taxi umsteigen.

Die leuchtend gelben Taxis sind immer noch ein recht preisgünstiges und sehr beliebtes Fortbewegungsmittel. Allerdings kann es in Stoßzeiten schwierig sein, schnell ein Taxi zu bekommen. Das Fahrtziel ist vor dem Einsteigen anzugeben, und der Taxifahrer entscheidet, ob er diese Richtung nimmt. Häufig nehmen die Athener Taxifahrer mehrere nicht zusammen reisende Personen mit und kassieren einzeln ab. Man achte deshalb auf den jeweiligen Stand des Taxometers. Nach Mitternacht wird der doppelte Preis verlangt (Tarif 2). Für Fahrten zum Hafen, Bahnhof und Flughafen wird ein Aufpreis erhoben, der auf einem Schild im Taxi angeschlagen ist.

POLITIK

Seit dem Sturz der Obristen 1974 ist Griechenland eine parlamentarische Demokratie mit einem Präsidenten an der Spitze. Alle Regierungen haben seither eine konsequente proeuropäische Politik verfolgt, die sich im EG-Beitritt 1981 und dem Beitritt zur Wirtschafts- und Währungsunion am 1. Januar 2001 manifestiert.

Seit 2004 hat Konstantinos Karamanlis (Nea Dimokratia) das Amt des Ministerpräsidenten inne. Er war mit 47 Jahren bei Amtsantritt der jüngste Premier Griechenlands. Die u. a. in Deutschland ausgebildete Dora Bakogianni steht dem Außenministerium vor. Staatspräsident ist seit 2005 der mit einer Deutschen verheiratete Karolos Papoulias.

Die konservative Regierungspartei Nea Dimokratia hat derzeit 152 Sitze im Parlament, die sozialdemokratische Oppositionspartei PASOK 102, die restlichen 46 Sitze verteilen sich auf die Kommunisten (22), die Koalition der Linken (14) und die ultranationalistisch-religiöse Partei LAOS (10). Die Grünen haben den Einzug ins Parlament bisher nicht geschafft. Innenpolitischer Schwerpunkt der Regierungsarbeit ist die Reform der Wirtschafts- und Sozialpolitik.

Griechenlands außenpolitischer Einfluss konzentriert sich auf den Balkan und die Ägäis. Im Zuge der EU-Erweiterung kommt Griechenland eine maßgebliche Rolle zu: Die Regierung hat die Aufnahme Zyperns nachhaltig unterstützt, aber auch jene Bulgariens und Rumäniens, weil sie sich dadurch ein höheres Maß an Stabilität in unmittelbarer Nachbarschaft verspricht. Die in der Vergangenheit immer wieder spannungsgeladenen Beziehungen zur Türkei haben sich durch die Bemühungen der Außenminister beider Länder auf vielen Gebieten normalisiert. Die griechische Sicherheitspolitik stützt sich auf die Mitgliedschaft in NATO, EU und OSZE.

Post

Briefmarken erhält man in allen Postämtern, wo allerdings mit langen Schlangen zu rechnen ist und die um 14 Uhr schließen. An Kiosken wird ein Aufschlag verlangt. Für Briefe und Postkarten ins Ausland werden 0,67 € berechnet.

Die Athener Hauptpost befindet sich in der Nähe des Omónia-Platzes (Aiolou 100) und hat dieselben Öffnungszeiten wie die Post am Syntagma-Platz (Ecke Mitropoleos): werktags durchgehend bis 20, Sa bis 14, So 9–13.30 Uhr.

Reiseknigge

Gastfreundschaft

Die griechische Gastfreundschaft ist berühmt. Unter Freunden wird die Rechnung nicht geteilt. Einladungen zu verweigern ist beleidigend, aber sie sollten auch erwidert werden.

Gespräch

Griechen lieben die Kommunikation. Zwei, drei griechische Wörter sind oft das Sesam-öffne-Dich in die Herzen der Menschen, der Rest läuft über Gestik oder Englisch. Gewöhnen Sie sich daran zuzuhören und stellen Sie keine kategorischen Vergleiche an. In der Politik sollten Sie sich gut auskennen oder das Thema lieber vermeiden.

Kirchen und Klöster

Gäste sind stets willkommen in korrekter Kleidung. Verhalten Sie sich zurückhaltend, keiner erwartet, dass Sie die griechischen Sitten (wie das Küssen der Ikonen) imitieren. Die Hände sollten Sie nicht hinter dem Rücken verschränken oder in Taschen stecken.

Nacktbaden

ist nur an speziellen FKK-Stränden erlaubt. Die Griechin lässt auch oben die Hüllen an.

Neugierde

Griechen sind ein neugieriges Volk und stellen schnell persönliche Fragen. Der Familienstand und die Herkunft sind dabei viel wichtiger als der Beruf. Fragen nach dem Gehalt sind völlig normal.

Pünktlichkeit

Das Gefühl für Dauer und Zeit ist in Griechenland grundverschieden. Nehmen Sie sich Zeit, Sie sind im Urlaub! Dazu gehört auch, dass Sie Zeitangaben nicht so genau nehmen.

Reisewetter

In Griechenland herrscht Mittelmeerklima mit starken jahreszeitlichen Schwankungen. Die schönste Reisezeit für Athen sind die Übergangsmonate, also April bis Juni und der Herbst. Im Juli und August ist die

Metroplan Athen

Metrolinie 1 · Kifissia · Kat · Maroussi · Irini · Iraklio · Nea Ionia · Pefkakia · Perissos · Ano Patissia · Agios Eleftherios · Kato Patissia · Agios Nikolaos · Attiki · Viktoria · Omonia · Panepistimio · Monastiraki · Thissio · Petralona · Tavros · Kallithea · Moschato · Faliro · Pireas

Anthoupoli · Peristeri · Agios Antonios · Sepolia · Stathmos Larissis · Metaxourghio · Attiki

Metrolinie 2 · Agios Antonios · Sepolia · Stathmos Larissis · Metaxourghio · Attiki · Panormou · Victoria · Omonia · Panepistimio · Syntagma · Akropoli · Sygrou-Fix · Neos Kosmos · Agios Ioannis · Dafni · Agios Dimitrios · Alexandros Panagoulis · Ilioupoli · Alimos · Argyroupoli · Helliniko

Metrolinie 3 · Doukissis Plakentias · Halandri (Agios Paraskevi) · (Nomismatokopio) · (Holargos) · Ethniki Amina · Katehaki · Ambelokipi · Megaro Moussikis · Evangelismos · Syntagma · Monastiraki · Kerameikos · Eleonas · Egaleo · Haidari · Agia Varvara · Korydallos · Nikea · Mantiatika

Legende:
- Metrolinie 1
- Metrolinie 2
- Metrolinie 2 (im Bau)
- Metrolinie 3
- Metrolinie 3 (im Bau)
- Umsteigestation

© MERIAN-Kartographie

Stadt zwar leerer und ruhiger, aber das Thermometer kann auf über 40 °C steigen. Viele Athener fliehen in dieser Zeit auf die Inseln. Wenn der Meltémi bläst, kann es auch an Sommerabenden kühler werden. Einen Pullover sollte man in jedem Fall einpacken. Der Winter ist im Allgemeinen milder als in Mitteleuropa, aber Wohnungen, Restaurants und Hotels sind häufig schlecht geheizt. Januar und Februar sind die kältesten Monate, und die Bergkuppen sind mit Schnee bedeckt. In den trockenheißen Sommermonaten entstehen häufig Waldbrände. Seien Sie grundsätzlich auf alles gefasst!

Sprache

Landessprache ist Griechisch, aber mit passablen Englischkenntnissen kann man sich im Allgemeinen gut verständigen. Viele Griechen haben im Ausland gelebt, sei es während der Militärjunta, als Gastarbeiter oder als Studenten. Orts- und Straßenschilder weisen fast immer eine Umschrift in lateinischen Buchstaben auf. Altgriechischkenntnisse sind für das Lesen von Schildern hilfreich, aber nicht für die Kommunikation, wenngleich viele Wörter erhalten blieben. Die Griechen sind stolz, dass sie seit Homers Zeiten dieselben Wörter für »Meer«, »Himmel« oder »Wind« verwenden. Für diesen Reiseführer wurde nicht die international normierte Umschrift aus dem Griechischen gewählt, sondern eine, die deutschsprachigen Reisenden die richtige Aussprache griechischer Wörter erleichtert. Ausnahmen sind Namen, die sich in der deutschen Sprache durchgesetzt haben, also »Euripides« und nicht »Ewripídis«. Der Akzent zeigt die betonte Silbe an. Für die Verständlichkeit ist die richtige Betonung meist wichtiger als eine korrekte Aussprache! Als Faustregel für die Aussprache gilt, dass alle Silben kurz und die Vokallaute offen ausgesprochen werden (→ Sprachführer, S. 96).

Stromspannung

220 Volt Wechselstrom. Nur noch gelegentlich benötigt man für die älteren Steckdosen, die noch nicht der internationalen Norm entsprechen, einen Adapter.

Studenten

Studierende der EU sollten sich bei ihrer jeweiligen Hochschule einen Internationalen Studentenausweis (ISIC) ausstellen lassen. Der Ausweis gilt von September bis Ende Dezember des Folgejahres und berechtigt zu freiem Eintritt in allen staatlichen Ausgrabungsstätten und Museen.

Taxi

Während der Rush-Hour ist es nicht einfach, ein Taxi zu bekommen. Der landeskundliche Erlebniswert des wilden Gestikulierens an der Straße verwandelt sich schnell in Gereiztheit. Sie schonen Ihre Nerven, indem Sie gegen Aufpreis an der nächsten Hotelrezeption ein Ruftaxi bestellen.

Telefon

Bei allen Gesprächen innerhalb Griechenlands müssen stets die Ortsnetzkennzahlen mitgewählt werden, also in Athen 2 10 + Rufnummer. Die griechischen Mobilfunknummern beginnen mit einer Sechs. Nach Ankunft in Griechenland bucht sich das Handy automatisch in das jeweilige Roaming-Partnernetz ein. In Griechenland gibt es die Netze Vodafone, Cosmote, Wind. Spezifische Einstellungen und Preise erfahren Sie bei Ihrem Netzanbieter.

Telefonkarten erhält man an Kiosken, und in den Büros der staatlichen Telefongesellschaft OTE. Die Vorwahl nach Deutschland ist 00 49, nach Österreich 00 43 und in die Schweiz 00 41.

Gespräche mit Einheimischen sollten während der Mittagsruhe, d. h. zwischen 13 und 17 Uhr, vermieden werden.

Telefon-Auskunft: 1 18 80

Das griechische Alphabet

Groß-buch-stabe	Klein-buch-stabe	Name	Umschrift	Aussprache
A	α	álfa	a	
B	β	wíta	w	
Γ	γ	ghámma	g, j	vor den Vokalen e und i wie »j«, sonst weich
Δ	δ	dhélta	d	wie engl. »the«
E	ε	épsilon	e	
Z	ζ	síta	s	stimmhaftes s wie in Rose
H	η	íta	i	
Θ	θ	thíta	th	wie engl. »thing«
I	ι	jóta	i	kurzes i
K	κ	káppa	k	
Λ	λ	lámbda	l	
M	μ	mi	m	
N	ν	ni	n	
Ξ	ξ	xi	x	ks
O	ο	ómikron	o	
Π	π	pi	p	
P	ρ	ro	r	
Σ	σ, ς	sígma	s	stimmloses s (am Ende eines Wortes
T	τ	taf	t	
Y	υ	ípsilon	i	kurzes i, nach a und e wie »w« oder »f«
Φ	φ	fí	f	
X	χ	chí	ch	wie in »ich«
Ψ	ψ	psí	ps	
Ω	ω	ómega	o	

Buchstabenkombinationen

AI	αι		ä, e	
ΓΓ	γγ		ng	wie in »Fang«
EI	ει		i	
ΜΠ	μπ		b	wie in »Bild«
NT	ντ		d, nd	im Anlaut wie in »du« und im Wortinneren wie in »finden«
OI	οι		i	
OY	ου		u	
TZ	τζ		ds, ts	

Tiere

Für mitgebrachte Hunde und Katzen muss ein internationaler Impfpass oder ein amtstierärztliches Gesundheitszeugnis in englischer Sprache vorliegen. Die letzte Impfung darf nicht länger als ein Jahr zurückliegen und muss spätestens 15 Tage vor der Einreise erfolgt sein.

Toiletten

Griech. Toualetta. Kennzeichnung der Toiletten: Männer = Andron, Frauen = Gynaikon. Toilettenpapier wird – außer in besseren Hotels und Wohnungen – zusammengefaltet in den Papierkorb geworfen (nicht ins WC).

Trinkgeld

Die Höhe des Trinkgeldes ist Ausdruck für die Zufriedenheit mit der Dienstleistung und liegt in Ihrem Ermessen, ein Trinkgeld unter 0,50 € wird jedoch als beleidigend empfunden.

Wirtschaft

Die griechische Wirtschaft ist von Klein- und Mittelbetrieben geprägt. Der Dienstleistungssektor ist der bedeutendste Wirtschaftszweig, er beschäftigt über die Hälfte aller Erwerbstätigen und erwirtschaftet ca. 70 % des BIP (2007 lag das BIP pro Kopf bei 16 351 €). Es dominieren der Tourismus und die Handelsschifffahrt. In der Landwirtschaft, die mittlerweile ohne die albanischen Arbeitskräfte nicht mehr denkbar ist, sind nur noch 12,4 % der Erwerbstätigen beschäftigt. Während der Industriesektor im Durchschnitt der Euro-Zone nur einen geringen Stellenwert hat, ist wie überall sichtbar die Entwicklung der Bauwirtschaft bemerkenswert. Griechenland hat die größte Flotte Europas und die drittgrößte der Welt.

Wichtige Infrastrukturprojekte konnten in den letzten Jahren im Zuge der Olympischen Spiele verwirklicht werden, weitere sind im Bau. Der internationale Flughafen in Spata bei Athen ist einer der modernsten in Europa. Im Zuge der Vorbereitungen für die Olympischen Spiele entstanden 50 km neue Bahnstrecken und 190 km neue Autostraßen. Sowohl die Arbeitslosenquote (2007: 7,6 %) als auch die Inflationsrate (3,9 %) konnten deutlich gesenkt werden.

Zeitungen

Die **Griechenland-Zeitung** ist die einzige deutschsprachige Zeitung Griechenlands und Zyperns. Sie erscheint jeden Mittwoch und informiert auf 20 Seiten ausführlich über Politik, Wirtschaft, Kultur und Tourismus. Nützlich ist vor allem der Veranstaltungskalender für die Hauptstadt. Erhältlich an gut sortierten Kiosken im Zentrum Athens und in großen Bahnhofsbuchhandlungen Deutschlands.

The Athens News: Seit 1952 erscheint die englischsprachige Zeitung jeden Freitag und berichtet auf rund 65 Seiten über Politik, Wirtschaft, Kultur und Tourismus in Griechenland. Die Zeitung ist das wichtigste Informationsorgan der in Griechenland ansässigen ausländischen Journalisten, Diplomaten und Vertreter internationaler Kommissionen. Erhältlich an größeren Kiosken im Zentrum Athens.

Die **International Herald Tribune** enthält täglich eine achtseitige englischsprachige Beilage der KATHIMERINI mit Veranstaltungskalender für die Hauptstadt und einem Verzeichnis der Bereitschaftsapotheken.

Zeitverschiebung

MEZ + 1 Stunde. Wie im übrigen Kontinental-Europa wird die Uhr im März um eine Stunde vorgestellt.

Zoll

Grundsätzlich gelten für EU-Bürger keine Beschränkungen. Die Einfuhr von Waffen ist nicht erlaubt. Die Ausfuhr von Antiquitäten und Kunstgegenständen ist grundsätzlich verboten. Weitere Auskünfte unter www.zoll.de, www.bmf.gv.at/zoll und www.zoll.ch.

Kartenatlas

Orientierung leicht gemacht: Mit Planquadraten und allen Orten und Sehenswürdigkeiten.

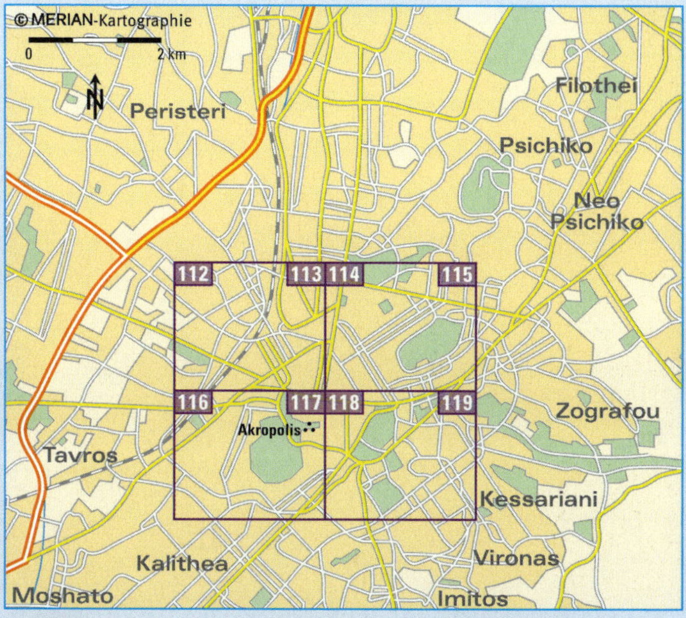

© MERIAN-Kartographie

0   2 km

Legende

Spaziergänge

⊶►	Durch die Plaka zur Akropolis (S. 78)
⊶►	Vom Omonia-Platz zum Philópappos (S. 80)
⊶►	Im Kolonaki-Viertel (S. 84)

Sehenswürdigkeiten

10	MERIAN-TopTen
10	MERIAN-Tipp
▢	Sehenswürdigkeit, öffentl. Gebäude
✳	Sehenswürdigkeit Kultur
✳	Sehenswürdigkeit Natur
♦	Kirche; Kloster
♦	Schloss, Burg; Ruine
♦	Moschee
✡	Synagoge
⛪	Museum
А	Denkmal
⌒	Höhle

Verkehr

▬▬	Autobahn
▬▬	Autobahnähnliche Straße
▬▬	Fernverkehrsstraße
▬▬	Hauptstraße
▬▬	Nebenstraße
▬▬	Unbefestigte Straße, Weg
▬▬	Fußgängerzone
P	Parkmöglichkeit
B	Busbahnhof
H	Bushaltestelle
Ⓜ	U-Bahn
🚆	Bahnhof
✈ ⊕	Flughafen; Flugplatz

Sonstiges

i	Information
♗	Theater
⚖	Markt
🐘	Zoo
◻	Botschaft, Konsulat
✳	Aussichtspunkt
† † †	Friedhof
Ψ Ψ Ψ	Muslimischer Friedhof
L L L	Jüdischer Friedhof
▭	National-, Naturpark

A **B** **C**

1

2

3

4

Aimonos
Themiskyras
dou
Astrous diou
Monastiriou
leos
Tilefa-
Ithinaias
Platonos
Aimonos
Vasilikon
Efkleї-
Levi
Tripa-
Kratylou
Euokleous
Dimostheous
Amfianis
Astrous
Kratylou
Monastiou
Platonos
Ilian
Mennis
Kallikratidou
Mylon
Korinthou
Isagorou
Kyrineias
Alamanas
Polykratous
Alexandreias
Epidavrou
Totaias
Platonos
Tyrnav
Poseidonos
Geminou
Mylon
Montmetras
Dimostheous
Krokeon
Lygeos
Pytou
Akad.
Pyrsou
Mitrodorou
Argous
Platonos
Kimon
Leof. Athinon
Filippon
Naupliou
Eftrosynis
Marathonomachia
Platonos
Keratsiniou
Serron
Aliaxmonos
Pytou
Petamaïtou
Naousis
Monastiriou
Iera Odos
Leof. Athinon
Serron
Siatist
Korytsas
Naousis
Ser.
Pieridis-
Kastorias
Chalkidikis
Charatsarion
Museum
Korytsas
Danii.
Ag.
Pallis
Mkalls
Fryoumis
Orous
Kallipansis
Para-orous
Votanikos
Kassandras
Ag. orous
Alexand
Patsi
Verroias
Kaleon
Artemisiou
Palaska
Iera Odos
Meg.
medonios
Sidirokastrou
Rodopis
Epatridon
Pydnas
Grevenon
Evmol
Ag. Markellas
nidon
Ianniou
Nevro
Pangaiou
Kopou
Ag. Polykarpou
Edessis
Kalmanas
Prespas
Amfi-
Kerameikos
Patkou
poleos
Strymonas
Alfeou
Lagkada
Kozanis
Patsi
Katerinis
Aimou
Maria-
Callas-
Voubara
Lagkada
Kreousis
Museum
Orfeos
Zakka
Peiraios
Thes/k
Orfeos
Epta
niou
Zyrnovou
Gefyreon
Ereatou
Dialaia
V. Tou Megalou
Aithre

A **B** **C**

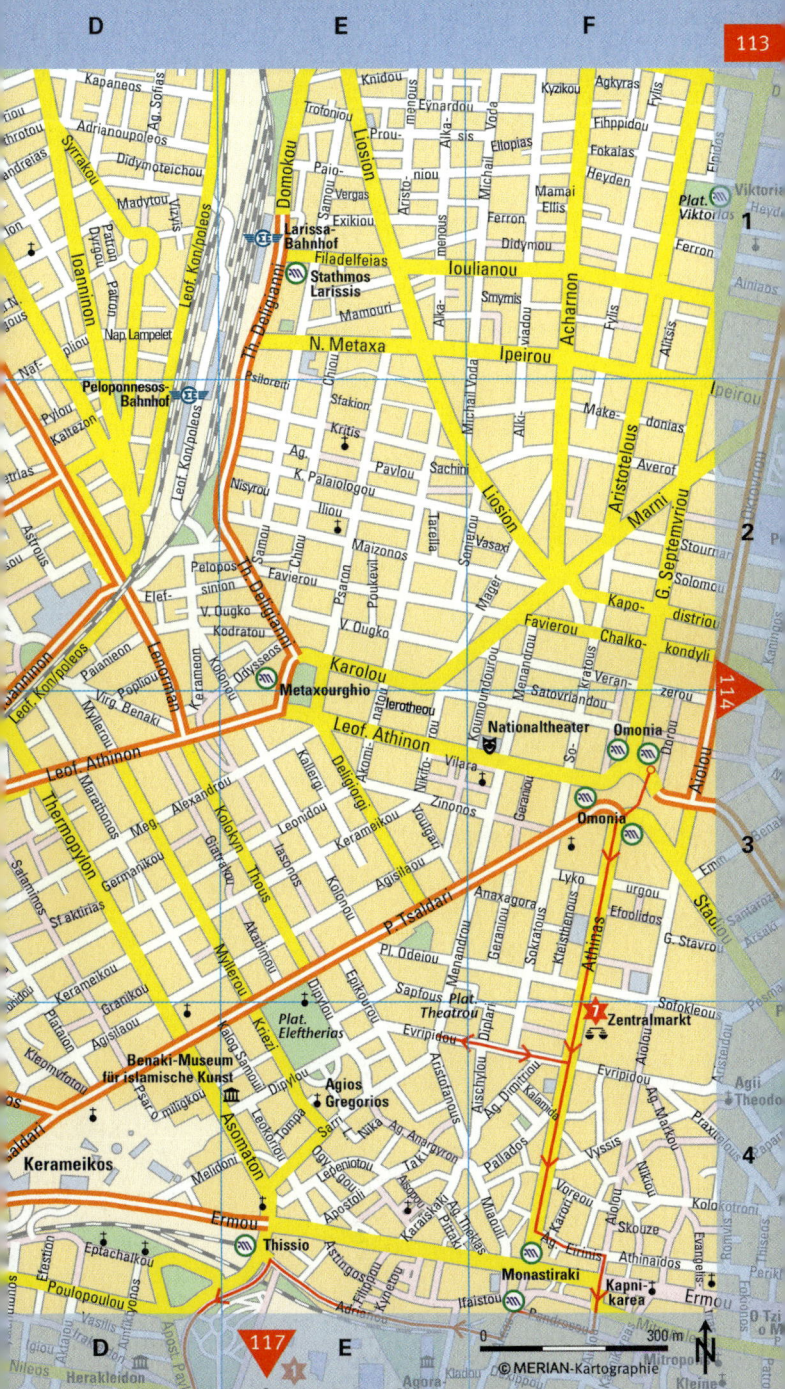

D   E   F

Kapaneos
Kanellopoulos
riou
Adrianoupoleos
throtou
Syrakou
Didymoteichou
andreias
Madytou
Vizis
ion
Patron
Dyrgou
N.
Ioanninon
tous
Nap. Lampelet
Pliou

Knidou
Trofoniou
Eynardou
Prou-
Liosion
Paio-
Vergas
niou
Michail Voda
Exikiou
Ferron
Mamai
Ellis
Filadelfeias
Mamouri
Smyrnis
Stathmos
Larissis
Kyzikou Agkyras Fylis
Fihppidou
Fokalas
Heyden
Plat. Viktorias
Viktor
Eltopias
Didymou
Ioulianou
Acharnon Fylis
Ferron

Larissa-Bahnhof

N. Metaxa

Ipeirou

Peloponnesos-Bahnhof
Psiloreiti
Sfakion
Kritis
Michail Voda
Alki-
Makedonias
Ag.
K. Palaiologou
Pavlou
Sachini
Averof
Nisyrou
Aristotelous
Marni
Pylou
Katezon
Astrous

Pelopos
Maizonos
Semeriou
sinion
Chiou
Favierou
Lotriou
Vasaq
Elef-
V. Dugko
Psaron
Favierou
Chalko-
Kodratou
V. Dugko
Mager
Favierou
kondyli
Karolou
Satovrianou
Veran-
zerou
Metaxourghio
Ierotheou
Leof. Athinon
Koumoundourou
Nationaltheater
Omonia
Vilara
Nikio
Geraniou
Omonia
Marathonos
Kalergi
Zinonos
Veikou
Leof. Athinon
Deligiorgi
Youpari
So-
urgou
Thermopylon
Meg. Alexandrou
Leonidou
Keramei kou
Agisilaou
Lyko
Efpolidos
G. Stavrou
Sf aktirias
Germanikou
Kolonou
Anaxagora
Sokratous
Kleisthenous
Stadiou
Keramei kou
Myllerou
Giatrakou
P. Tsaldari
Menandrou
Geraniou
Granikou
Kriezi
Pl. Odeiou
Aischylou
Benaki-Museum
für islamische Kunst
Plat.
Eleftherias
Sapfous
Evripidou
Evripidou
Plat.
Theatrou
Zentralmarkt
Keramikos
Agios
Gregorios
Pallados
Vyssis
Ermou
Voreou
Skouze
Athinaidos
Thissio
Monastiraki
Kapni-
karea
Ermou

117

D   E

Herakleidon
Agora
Agora-
Museum

0   300 m
© MERIAN-Kartographie

N

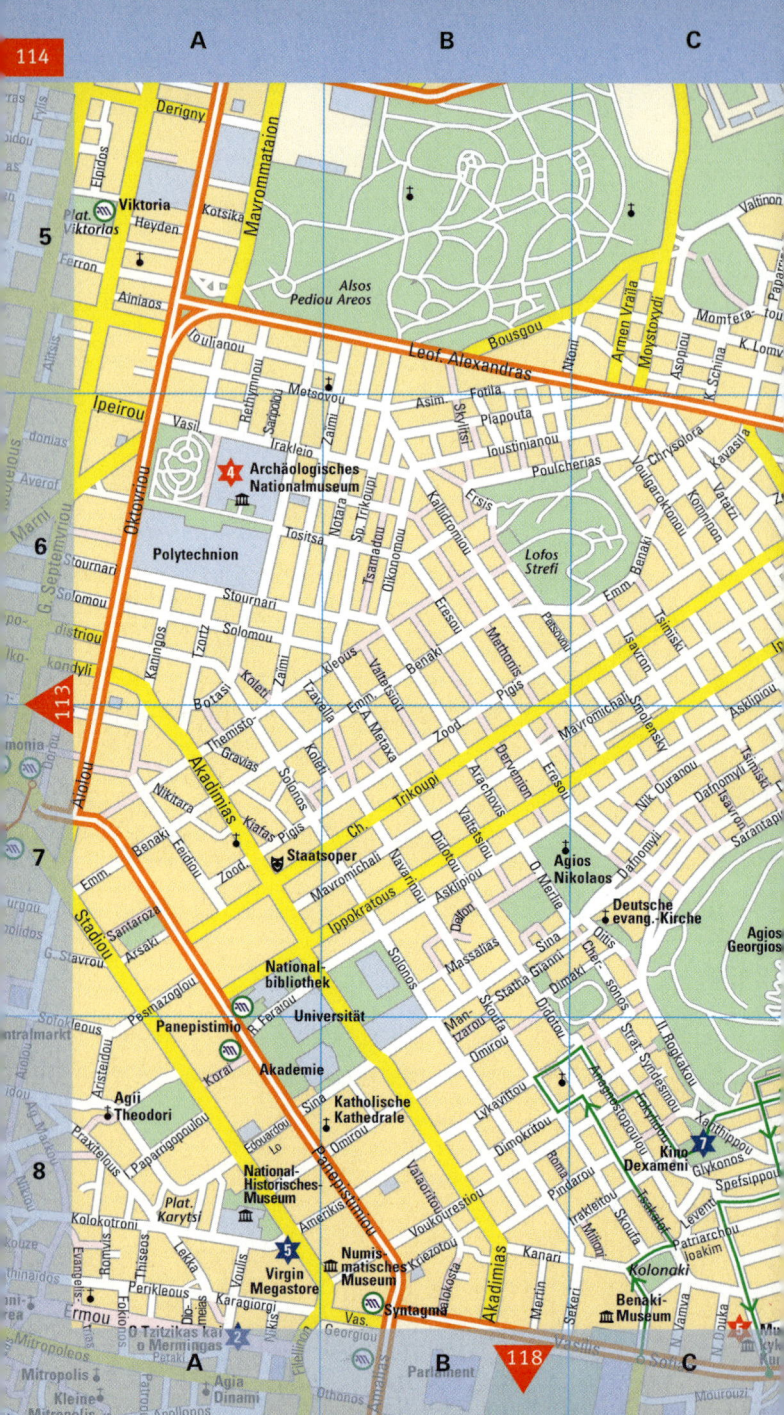

A   B   C

5

Derigny

Eipidos
Viktoria
Plat.
Viktorias
Heyden
Kotsika
Mavrommataion
Ferron
Ainlaos

Alsos
Pediou Areos

Toulianou
Leof. Alexandras
Bousgou

Ipeirou
Rethymnou
Metsovou
Asim
Fotila
Skyllitsi
Piapouta
Ioustinianou
Poulcherias

Vasil.
Sapfous
Iraklio
Notara
Sp. Trikoupi
Kalidromiou
Oikonomou
Ersis
Chrysolora
Kerasia
Varatzi

Oktovriou
4
**Archäologisches
Nationalmuseum**
Tositsa
Tsamadou

6

Polytechnion
Lofos
Strefi
Emm. Benaki
Tsimiski

G. Septemvriou
distriou
Stournari
Solomou

Stournari
Stournari
Benaki
Matthaiou
Pasavou
Bakrou
Asklipiou

kandyli
Kaningos
Izonti
Kiepous
Valtetsiou
Emm. A. Metaxa
Zood.
Mavromichali
Eresou
Pigis
Nik.Ouranou
Dafnomyli
Tsamsa
Sarantapor.

113

Botasi
Kolen
Zaimi
Zavella
Zood.
Dervenion
Eresou
Smolensky

Aiolou
Nikitara
Themistoc.
Kolen
Solonos
Ch. Trikoupi
Arachoris
Didotou
Valtetsiou
Mavromichali
Dafnomyli

7

Stadiou
Gravias
Klatas Pigis
Staatsoper
Navarinou
Asklipiou
Deron
S. Dervenion
**Agios
Nikolaos**

Emm.
Benaki Eaniou
Zood.
Ippokratous
Sina
**Deutsche
evang. Kirche**

Santaroza
Arsaki
Mavromichali
Massalias
S. Statha Gianni
Didotou
Omaki
**Agios
Georgios**

Pesmazoglou
**National-
bibliothek**
Solonos
Mantzarou
Skoufa
Sina
Dimaki

Panepistimio
H. Farasou
Universität
Omirou
Lykavittou

Aristeidou
Korai
Akademie
Sina
Dimokratou
Strat. Syndesmou
**Kino
Dexameni**

**Agii
Theodori**
Eldouardou
Lo
**Katholische
Kathedrale**
Omirou
Voukourestiou
Irakliou
Ploutarchou
Spefsippou

Praxitelous
I. Paparigopoulou
Pentelis
Omirou
Amerikis
Ypsilantou
Loukianou
Glykonos

8

Kolokotroni
Plat.
Karytsi
**National-
Historisches-
Museum**
Valaoritou
Kriezotou
Skoufa
Patriarchou
Joakim

Perikleous
Lekka
5
**Virgin
Megastore**
**Numis-
matisches
Museum**
Kanari
Milioni
Voukourestiou
**Benaki-
Museum**

Ermou
Karagiorgi
Vas.
Syntagma
Georgiou
Akadimias
Merlin
Sekeri
5

Mitropoleos
118
Parlament

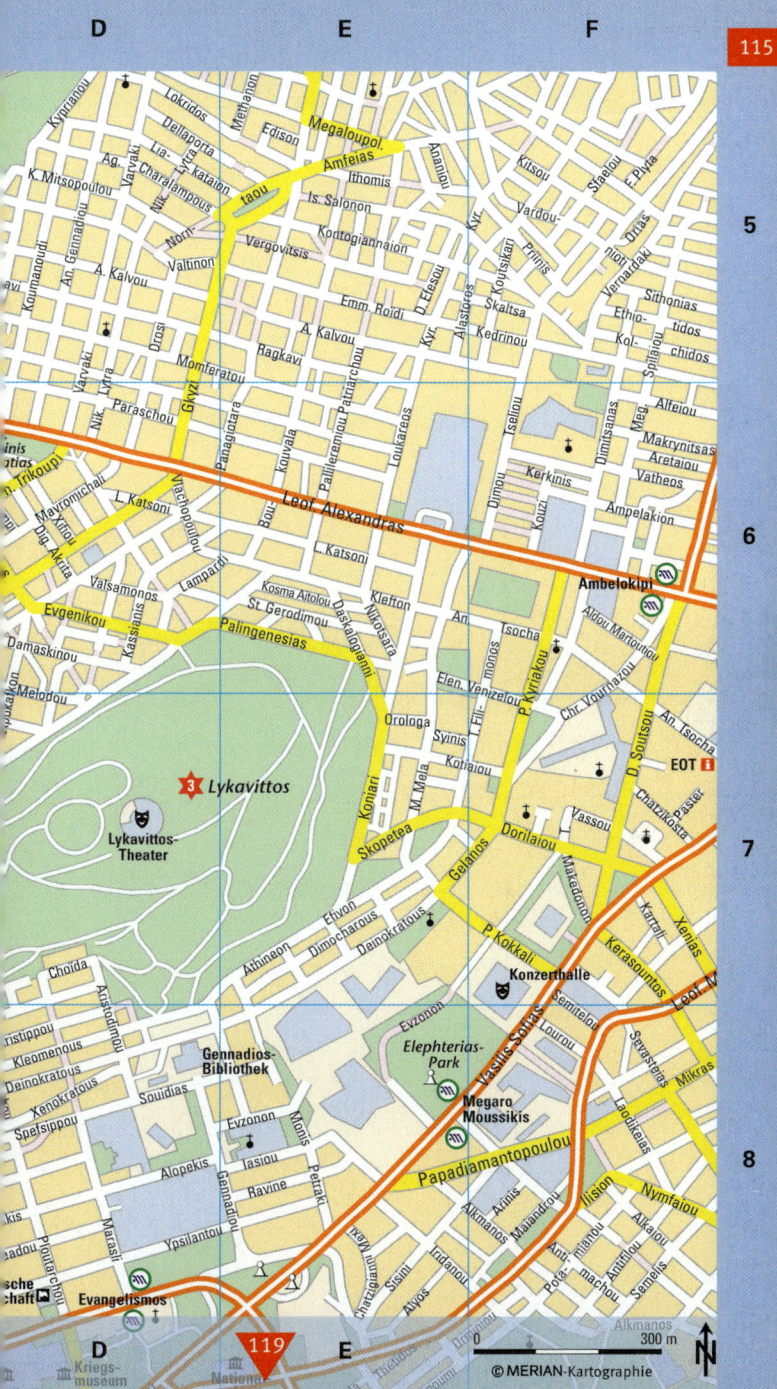

Lykavittos

Lykavittos-Theater

Ambelokipi

EOT

Konzerthalle

Elephterias-Park

Megaro Moussikis

Gennadios-Bibliothek

Evangelismos

© MERIAN-Kartographie

0   300 m

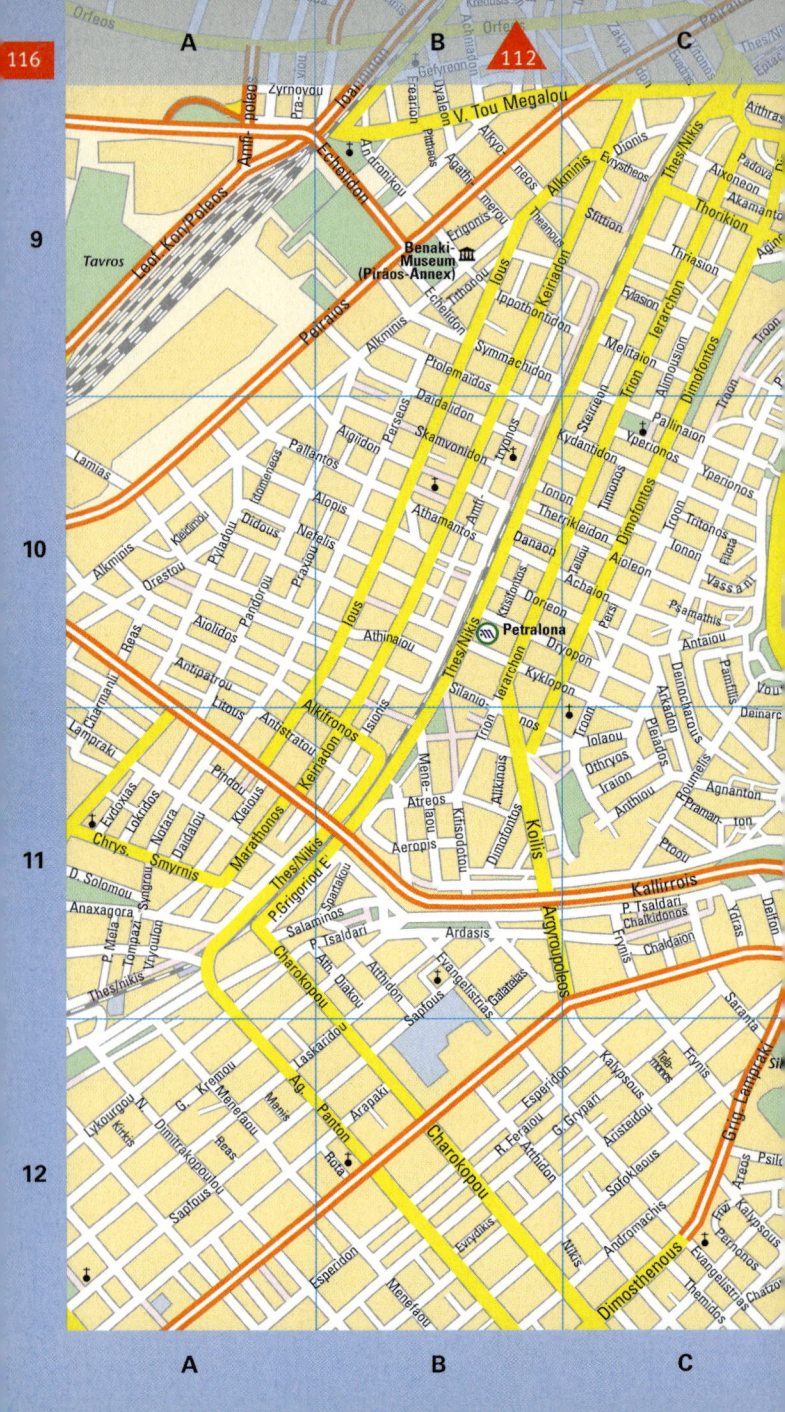

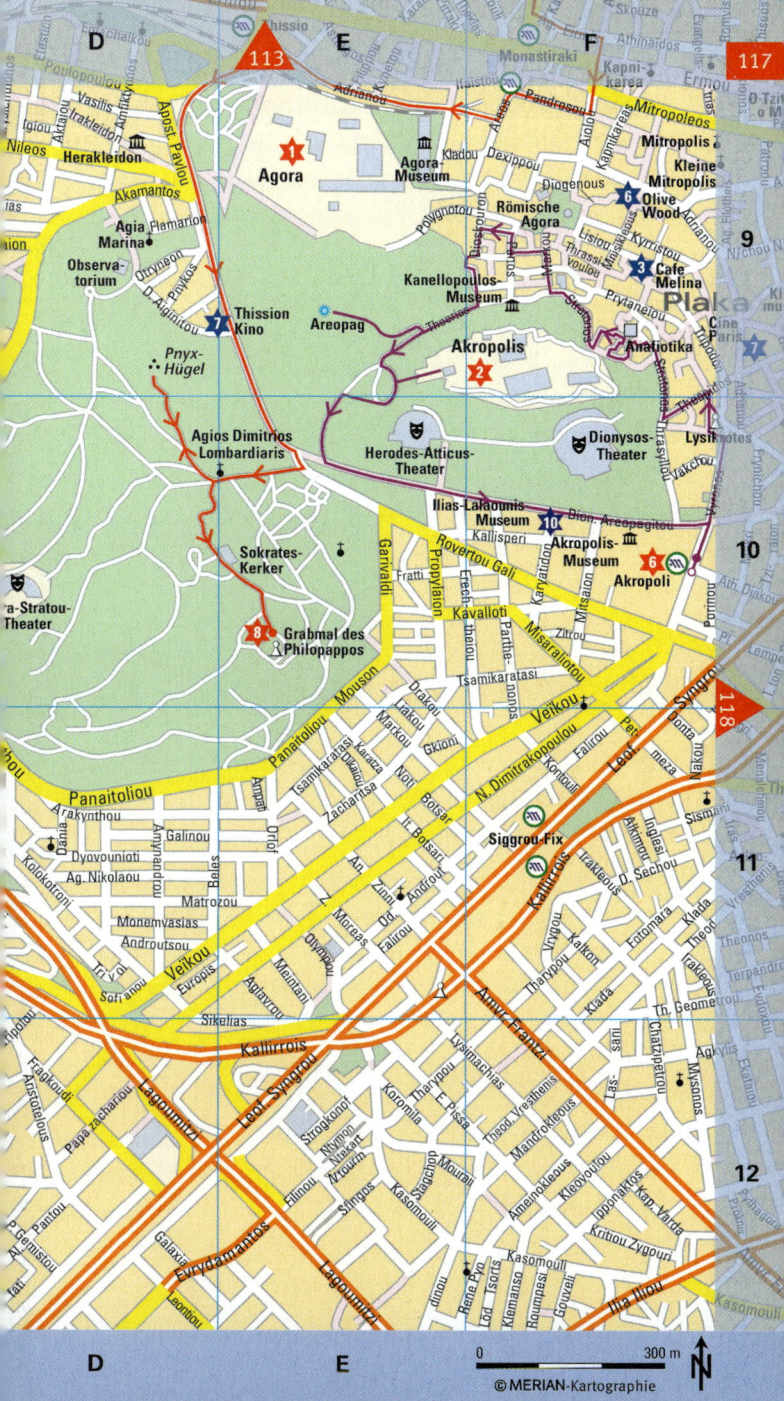

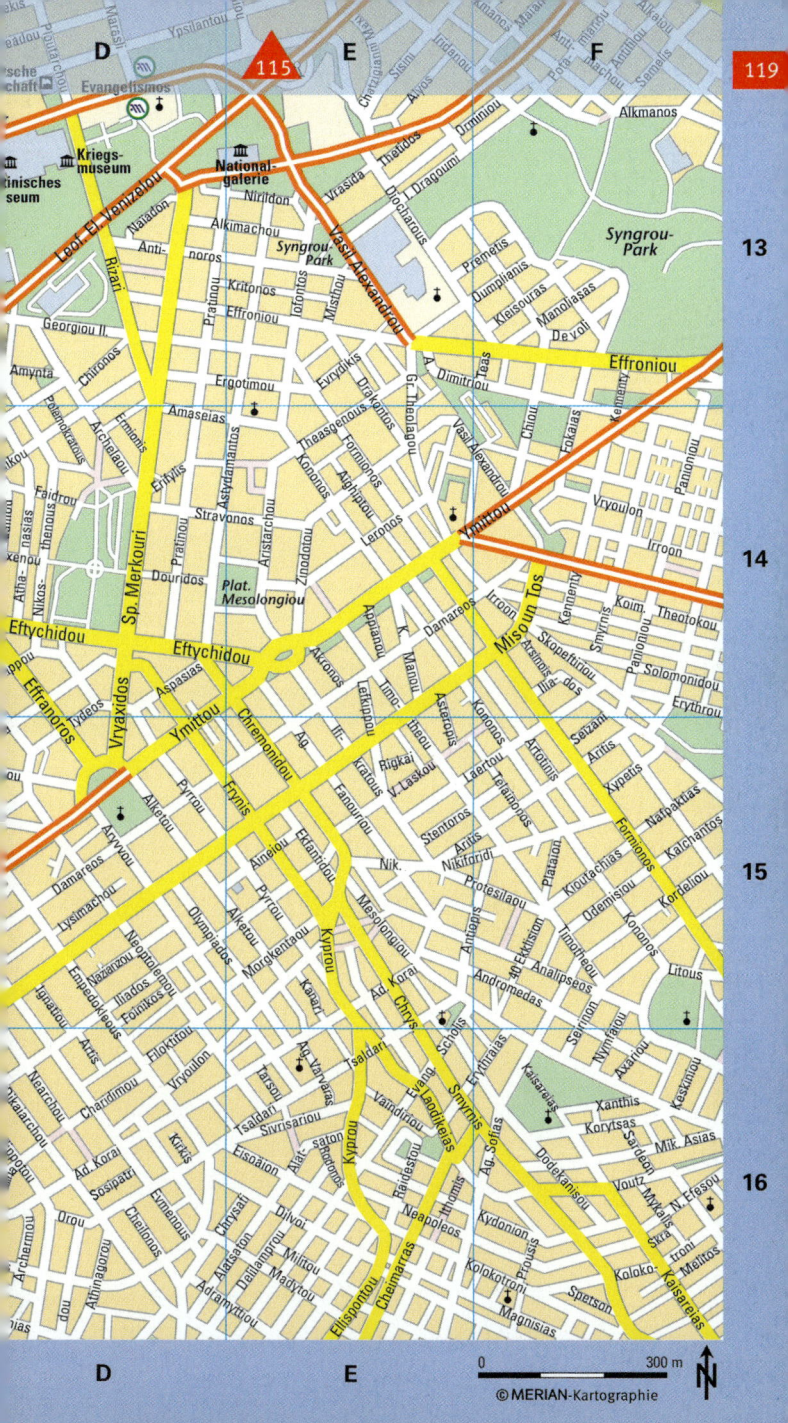

© MERIAN-Kartographie

Hier finden Sie alphabetisch aufgeführt alle in diesem Band beschriebenen Sehenswürdigkeiten und Museen, Hotels (H) und Restaurants (R). Außerdem enthält das Register wichtige Stichworte sowie alle MERIAN-Tipps und Top-Ten dieses Reiseführers. Wird ein Begriff mehrfach aufgeführt, verweist die **fett gedruckte** Zahl auf die Hauptnennung im Band, eine *kursive* Zahl auf ein Foto.

Liebe Leserinnen und Leser,
wir freuen uns, Ihre Meinung zu diesem Reiseführer zu erfahren. Bitte schreiben Sie uns, wenn Sie Berichtigungen und Ergänzungsvorschläge haben oder wenn Ihnen etwas besonders gut gefällt:

TRAVEL HOUSE MEDIA GmbH, Postfach 86 03 66, 81630 München
E-Mail: merian-live@travel-house-media.de Internet: www.merian.de

DIE AUTORIN
Diesen Reiseführer schrieb **Ellen Katja Jaeckel.** Die Autorin studierte Komparatistik und Romanistik und leitet heute das Büro des Akademischen Austausch Dienstes (DAAD) in Griechenland mit Sitz in Athen. Als Studienreiseleiterin ist sie an verschiedenen Stellen des Mittelmeeres unterwegs.

Bei Interesse an Karten aus MERIAN-Reiseführern wenden Sie sich bitte an:
iPUBLISH GmbH, geomatics
E-Mail: geomatics@ipublish.de

Bei Interesse an Anzeigenschaltung wenden Sie sich bitte an:
KV Kommunalverlag GmbH & Co KG
MediaCenterMünchen
Tel. 0 89 – 92 80 96 – 44
E-Mail: kramer@kommunal-verlag.de

FOTOS
Titelbild: Akropolis, Erechtheion (R. Schmid/Bildagentur Huber)
Alle übrigen Fotos von Doifel Videla außer: Celentano/laif 24; IML Imago Group Ltd/Alamy 54; King George Palace 12; Kirchner/laif 10/11, 38, 83; G. Knoll/Bilderberg 44; K. Kreder/Bildagentur Huber 4/5; K. Kreder/FAN & MROSS 35; P. Kuhnlein/F1 Online 40; Pixida/Alamy 20, 80; R. Schmid/Bildagentur Huber 56; Simeone/Bildagentur Huber 42/43; T. Stankiewicz 64; Superbild/GrandAngelFoto 68; terry harris just greece photo library/Alamy 22, 32; Türemis/laif 49; S. Zuder/laif 36

PROGRAMMLEITUNG
Dr. Stefan Rieß
REDAKTION
Simone Schmidt
LEKTORAT
Beate Martin
GESTALTUNG
wieschendorf.design, Berlin
MERIAN-QUIZ
Verónica Reisenegger (Konzept und Idee)
KARTEN
MERIAN-Kartographie
SATZ/TECHNISCHE PRODUKTION
h3a GmbH, München
DRUCK
Appl, Wemding
BINDUNG
Auer, Donauwörth
GEDRUCKT AUF
Eurobulk Papier von der Papier Union

1. Auflage

TRAVEL HOUSE MEDIA

Ein Unternehmen der
GANSKE VERLAGSGRUPPE

Athen

MERIAN-Tipps

Tipps und Empfehlungen für Kenner und Individualisten

1 Niki-Hotel
Kleines und charmantes Hotel, familienfreundlich und mit herrlichem Blick auf die Akropolis (→ S. 16).

2 O Tzitzikas kai o Mermingas
Vollendete griechische Küche serviert das lauschige Gartenlokal im Vorort Halandri, eine Zweigstelle gibt es im Zentrum (→ S. 21).

3 Café Melina
Im Café Melina gedenkt man der großen Sängerin Mercouri (→ S. 23).

4 Kleines Kaffeelexikon
Die Griechen sind überzeugte Kaffeetrinker. Kein Wunder, dass es deshalb eine ganze Reihe von Kaffeespezialitäten gibt (→ S. 25).

5 Virgin Megastore
Eine Riesenauswahl griechischer Musik gibt es bei Virgin Megastore (→ S. 28).

6 Olive Wood
Olive Wood verkauft allerlei Mitbringsel aus dem harten Holz des Ölbaums (→ S. 30).

7 Kino unterm Sternenhimmel
Ein besonderes Erlebnis im Sommer sind die diversen Open-Air-Kinos mit zum Teil hinreißender Kulisse (→ S. 33).

8 Rembetiko
Der Rembetiko, der griechische Fado, besingt die verlorene Heimat, die Liebe und das Laster (→ S. 37).

9 Athens Ausgrabungsstätten mit einem Ticket
Mit einem günstigen Sammelticket kann man die wichtigsten archäologischen Stätten besichtigen (→ S. 45).

10 Ilias Lalaounis-Museum
Kreationen des griechischen Juweliers Lalaounis in einem einzigartigen Schmuckmuseum (→ S. 71).

◄···· MERIAN-TopTen
finden Sie auf Seite 1